Klaus Zimniok

Die Schlange das unbekannte Wesen

Prof. Dr.
Klaus Zimniok

Die Schlange das unbekannte Wesen

In der Kulturgeschichte, freien Natur und im Terrarium

Landbuch

Dank

Danken möchte ich meinen Freunden Karlheinz Bässler, Alexander Kubetz und dem Ehepaar Erna und Wolfgang Köster, die mir ihre Schlangen zum Fotografieren anvertrauten, meiner Frau Christa, meiner Tochter Gabi und meinem Sohn Hans-Jürgen für ihre einfühlsame Pflege meiner Schlangen während meiner Studienreisen in ferne Länder.

Fotos: Schutzumschlag Raimund Cramm, Langenhagen
Seiten 27 und 85 Alexander Kubetz
alle anderen vom Verfasser

Landbuch-Verlag GmbH, Hannover, 1984

Lektorat: Irmgard Schoenfeld, Pattensen
Farblithos: ReproDukt GmbH, Hannover
Satz, Druck und buchbinderische Verarbeitung:
Landbuch-Verlag GmbH, Hannover

ISBN 3 7842 0294 2

Inhalt

Einleitung

Schlangen – manchem bedeuten sie noch immer „kriechende Verkörperung von Tücke und Verrat“, belastet mit Fluch aus biblischer Zeit, giftig-satanischer Ausdruck maliziöser Feindseligkeit gegen den Menschen. Und manche halten es böswillig oder aus Unkenntnis noch wie Vergil (altröm. Dichter) vor zweitausend Jahren und A. BREHM im vorigen Jahrhundert: „Nur frisch zu Steinen und Knüppeln gegriffen und wacker losgeschlagen auf das Gezücht, wie es auch drohend sich hebe und mit schwellendem Halse zische!“

Inzwischen hat sich vieles geändert, und selbst Giftschlangen genießen vielerorts Schutz. Zunehmend mehr Liebhaber pflegen und hegen Schlangen in Terrarien, begeistern sich an ihrer oft berückenden Schönheit und erfreuen sich des Zusammenlebens mit diesen Tieren, die nur auf den ersten Blick seltsam erscheinen. Auch den Schlangen hat die Natur ihren Platz zugewiesen. Wer sie absichtlich tötet oder ihre Lebensräume vernichtet, stört das biologische Gleichgewicht in der Natur mit mannigfachen Folgen auch für den Menschen. Trotz dieser Erkenntnis zeigt sich im Gefühlsleben des aufgeklärten, westlichen Menschen eine zwiespältige Abneigung gegen alles, was kriecht, und lebt noch in ihm etwas von der Angst unserer Vorfahren vor bösen Tieren und auch etwas vom Gruseln und dem Sichgrauen, das er in seiner rationalen Welt erst recht abzuweisen trachtet. Der Anblick einer Schlange macht ihn starr, läßt ihn sich entsetzen und löst weit mehr an Hysterie grenzende Angst aus, als ein technisches Versagen es bewirkt, das in der uns überkommenen Gefühlswelt keinen oder nur einen geringen Stellenwert einnimmt.

Derart ist das Bild der Schlange bei uns irrational von Haß und Furcht getrübt: Symbol des Bösen und gleichermaßen von List und Klugheit. Von einer objektiven Bewertung des Tieres Schlange liegt beides weit entfernt.

Fernöstliche Kulturen hingegen verehren die Schlange an heiliger Stätte und fürchten sie in Freiheit. Die Kulturgeschichte der Menschheit ist voll solcher Widersprüchlichkeiten: Verrufen, verfolgt und zertreten und anderswo heiliggesprochen, umwittert vom mystischen Dunkel uralter Sagen, ihr Bild getrübt vom Aberglauben der Völker, den einen Gott, Glücksbringerin und Zeichen des Heils, bedeutet sie den anderen Botin der Finsternis. Ein weiter Bogen dieses bunten Bildes spannt sich von der Urzeit über die Antike bis in unsere Zeit rund um die Erde.

Dieses Buch will diesen Bogen aufzeigen und schildern, wie die vielfach noch verfemten Schlangen wirklich sind und wie und welche im Terrarium eine Heimstatt finden können, damit sie nicht länger „ein unbekanntes Wesen" bleiben, ein Tier, vor dem es einem schaudert.

Das alles wird berichtet aus eigenem Erleben und Erfahrungen und denen vieler anderer, orientiert an den neuesten Forschungen.
In der Auswahl aus der Fülle des Stoffes ist das Buch vornehmlich für den Naturfreund gedacht und den zoologisch oder kulturgeschichtlich Interessierten, aber auch für diejenigen, die ihre Sehnsucht nach dem Süden – bei steigendem Freizeitangebot und schrumpfenden Entfernungen des Reise- und Flugverkehrs – in fremde Länder bringt, wo sie noch auf Schlangen treffen. Sollte auch der fortgeschrittene Terrarianer das eine oder das andere wissenswert finden, wäre dem Anliegen dieses Buch voll entsprochen.

Schlangenfang

Komme gerade von Tini! Sie lag in der rechten Ecke, sah mich aus starren, lidlosen Augen an und wußte nicht, was sie von meinem Besuch halten sollte. Ich trat näher und klopfte an die Scheibe. Sie schnellte am Boden auf mich zu, bäumte sich zu einem Drittel ihrer Länge, also gut einen halben Meter, auf und spreizte dank verlängerter Halswirbel ihren Nacken zu einer Scheibe, an den Rändern eingebogen, ähnlich einem Hut. Ihre Augen funkelten feindselig. So standen wir uns gegenüber, durch Glas getrennt, weshalb mein Gesicht ihr so nahe war und sie dennoch nicht zuschlug. Mit Glas hatte sie bereits schlechte Erfahrungen gesammelt. Meine Frau trat ein. Tini wendete ihren Kopf nach der neuen Unruhequelle und zeigte ihren Nacken. Ihn ziert eine Brillenzeichnung.

Tini ist eine indische Kobra, eine Brillenschlange. Begleiter Vasco da Gamas (portugiesischer Seefahrer) sahen in Indien solche Schlangen und nannten sie „Cobra di Capello“, Hutschlange. Diese drei Namen blieben ihr. *Naja naja* heißt sie wissenschaftlich als Inbegriff für Schlange schlechthin. Das Wort „naja“ leitet sich von „naga“ her, dem Wort für Schlange in der altindischen Gelehrten- und Literatursprache Sanskrit, die nur noch wenige beherrschen.

Gewiß nicht der Inder, der Tini für mich fing. Sie stand stolz aufgerichtet in der Ecke des Gartens meines indischen Freundes, skeptisch-distanziert in Wut über die Störung, die sie aus einem Stapel Palmblätter vertrieben hatte. Den Fänger beeindruckte sie nicht. Seine rechte Hand schräg über ihrem Kopf lenkte sie ab. Sie starrte auf das Spiel der Finger und hätte gern zugebissen, doch vermag sie weder nach oben zu springen noch ihren aufgerichteten Körper vom Boden zu lösen. Nach unten zu kann sie nur so weit beißen, wie es ihrer Aufbäumung entspricht, nur so weit reicht ihre Bißdistanz, die zu kennen wichtig ist. Ganz Augentier bemerkte die Kobra nicht, wie sie die linke Hand des Fängers am Schwanz faßte. Ihre Drohstellung fiel zusammen, und mit geübtem Griff war sie am Nacken gefaßt, ihr Kopf mit Daumen und Zeigefinger festgehalten und ihr hin- und herschlagender Schwanz ergriffen. Ich hielt den Sack auf, und der Inder gab sie hinein. Im Dunklen beruhigte sie sich schnell.
So leicht war alles gewesen! Der Inder vereinte in seinem Wesen, was ein Schlangenfänger haben soll: gelassene Ruhe, Beobachtungsgabe und Kenntnis vom typischen Verhalten der zu fangenden Schlange.
Im Sack oder Säckchen Giftschlangen zu tragen, ist üblich, aber nicht ganz ungefährlich. Im Gegenlicht

---

„Tini“, die indische Brillenkobra *Naja naja* ▷

kann eine Schlange Mensch und Hand erkennen. Besonders Vipern (Viperidae) und Grubenottern (Crotalidae) sind versucht, blitzschnell ihre zwei langen Gifthauer aufzuklappen und zuzubeißen! Leicht durchdringen sie den Stoff, was schon manch einer zu seinem Leidwesen erfahren mußte, der den Sack auf dem Rücken trug, anstatt ihn in einem Korb oder einer Kiste zu befördern.

In Schlangenfarmen werden Kobras in Freigehegen gehalten und zur Giftabnahme, zum „Melken", von zwei Wärtern herausgefangen. Einer lenkt sie ab, während sie der andere an Kopf und Nacken ergreift.

In der Schlangenfarm „Miami Serpentarium" in Florida fängt Bill Hast Königskobras allein mit der bloßen Hand. Mit der Rechten reizt er sie, bis sie angreift, was nicht lange auf sich warten läßt. Stößt sie zu, packt seine Linke sie an Nacken und Kopf, wie wild ihr Körper auch um sich peitschen mag.

Die Königskobra ist mit über fünf Meter Länge die größte Giftschlange der Erde. Ihr Biß kann binnen einer Viertelstunde einen Menschen töten und einen Elefanten nach drei Stunden. In Burma und Südchina und im indomalaiischen Archipel kann man ihr begegnen. Das ist ein unvergeßliches Erlebnis, steht sie plötzlich, einen Dschungelpfad versperrend, steil aufgerichtet vor einem, wie ein Panier des Todes, furchterregend und doch faszinierend, eine majestätische Schlange von der „furchtlosen Geste einer Sieggewohnten". Man sagt ihr eine für Schlangen ungewöhnliche Intelligenz nach. Tierinspektor Seitz vom Berliner Aquarium hielt sie geistig für so regsam wie Warmblütler. Seine Königskobras kamen erhobenen Hauptes und mit gespreiztem Nacken sofort herbei und begrüßten ihn wie einen guten Bekannten. Auch im Zoologischen Garten New Yorks in der Bronx erkannten diese Schlangen ihren Pfleger bereits an seinen Schritten und erwarteten ihn an der Tür ihres Terrariums wie gezähmte Raubtiere ihren Dompteur.

Königskobras ernähren sich vorwiegend von anderen Schlangen, auch giftigen, gegen deren Gift sie immun sind. Als Schlangenfresser hat man ihnen den wissenschaftlichen Namen (Ophiophagus) zuerkannt und ihre Art mit (hannah), die Riesin, bezeichnet: *Ophiphagus hannah*, die Schlangen fressende Riesin.

Keine Schlange greift einen Menschen grundlos an. Der Biß einer Giftschlange ist Jagd- oder Verteidigungswaffe. Da der Mensch nicht auf dem Speisezettel der Schlangen steht, verteidigt sie sich ihm gegenüber lediglich. Er hat es selbst in der Hand, ob sich eine bedroht fühlt und ihn als Feind betrachtet. Dann allerdings scheuen sich die meisten Schlangen nicht, auch anzugreifen, was man ihnen wie anderen wilden Tieren mit Fug zuzubilligen hat.

Das erfuhr auch H. P. Müller beim Schlangenfang in Tunesien. Die entdeckte Hornviper *Cerastes cerastes* flüchtete unter ein Felsstück, und er schaufelte ihren

Unterschlupf frei. Sie stieß ihren Kopf mit weit aufgerissenem Maul, die Giftzähne nach vorn gerichtet, aus dem Loch nach ihm. Der Fänger war darauf vorbereitet und wich geschickt aus. Dann zog er die Viper mit einem Stock aus ihrem Versteck. Sie lag zusammengerollt im Wüstensand, züngelte unaufhörlich und rieb in höchster Erregung ihre Körperschlingen aneinander zu einem zischend-rauschenden Geräusch. Nicht ganz unvermutet, doch ohne Vorwarnung, schoß sie blitzschnell auf den Fänger zu, der nicht mehr ausweichen konnte. Doch ihr Biß verfing sich zu seinem Glück im Hosenbein.

Eine plumpe Viper ergreift man am Schwanz und hebt sie unter leichtem Schütteln in die Luft. Sie kann ihren Kopf nicht zur Hand hochwinden und ist schnell im aufgehaltenen Säckchen untergebracht. Mancher fing so Kreuzottern *Vipera berus* und mein Begleiter Mohammed in der Sahara selbst Hornvipern *Cerastes cerastes*.

Mir sind Gabelstöcke zum Fang von Bodenschlangen lieber. Mit ihnen wird die Schlange hinter dem Kopf am Boden festgehalten und ist gefahrlos zu ergreifen. Doch selbst das geht nicht immer glimpflich ab. Wir waren mit Bimbo, dem Schlangenfänger vom ostafrikanischen Stamm der Girama, auf der Insel Kiliwepwu im Midi Creek zwischen Mombasa und Malindi (Kenia) auf Schlangenfang und sahen eine schwärzliche Schlange sich auf einer Lichtung sonnen. Schritt für Schritt taste-

Eine Schwarzhalskobra *Naja nigricollis* greift an.

Die vom Verfasser gefangene Grüne Mamba *Dendroaspis viridis*.

ten wir uns heran, schon schwebte der Gabelstock über ihrem Nacken, da zuckte sie hoch, versuchte zu fliehen, besann sich anders und schnellte auf meinen Freund zu, seitlich von mir. Der sprang geistesgegenwärtig zur Seite, während ich auf den Auslöser meines Fotoapparates drückte. Die Schlange stieß nach, streifte sein rechtes Bein und schleuderte eine volle Ladung ihres Giftes nach ihm. Giftflecken zeichneten sich auf seinem schweißnassen Hemd, Gift tropfte von seinen Brillengläsern. Bimbo zertrümmerte der Schlange mit einem Stockschlag das Rückgrat und dann den Kopf. Am Bein meines Freundes war kein Kratzer eines Giftzahnes zu sehen.

Die Angreiferin war eine Schwarzhalskobra *Naja nigricollis.* Sie und die Ringhalskobra *Haemachatus haemachatus* des südlicheren Afrikas sind Speikobras. Sie pressen Luft durch die Giftzähne. Das Gift wird mitgerissen, und zwei parallele Giftstrahlen erreichen über zwei Meter Entfernung zielsicher die Augen, ein treffliches Verteidigungsmittel. Mensch und Tier sehen getroffen nichts mehr und toben vor Schmerzen. Tiere der Wildnis erblinden und auch Menschen, wenn sie das Gift nicht schnell genug aus den Augen waschen können.

Steine und Holz, unter denen man eine Schlange vermutet, werden mit einem Metallhaken umgewendet. Mit ihm lassen sich auch manche Schlangen aufnehmen und in den Sack oder einen Behälter befördern. In

Nordamerika ist der Metallhaken besonders beliebt zum Fang von nachtaktiven Klapperschlangen. Sie werden im Lampenschein erbeutet, wenn sie in großer Anzahl in der Wüste über die Fahrbahn kriechen, wie L. TRUTNAU über das „road side hunting" berichtet. Zum Fang von Baumschlangen eignen sich Gabelstock oder Metallhaken kaum. Ein Fangstock ist dazu dienlicher. Europäer greifen gern zu metallenen, bei denen außen oder innen im hohlen Rohr ein Draht läuft. Mit ihm betätigt ein Hebel oben eine Greifzange – besser wäre eine Lederschlaufe – unten. Ist der Fangstock lang genug, hält er dem Fänger die Schlange in gebührender Entfernung vom Leibe, doch hat er auch Nachteile. Der Druck der Greifzange läßt sich nur annähernd bemessen, und die Schlange kann am besonders empfindlichen Nacken Schaden erleiden. Zudem verfängt sich eine solche Apparatur leicht im Geäst eines Baumes.

Dies mußte auch der seinerzeit bekannte englische Schlangenfänger C. J. P. Ionides erfahren, wie wir von A. WYKES wissen: In einem Dorf Ostafrikas war nachts eine Grüne Mamba *Dendroaspis viridis* von einem Baum durch das Rauchloch in eine Hütte gefallen, hatte mehrere angetrunkene dort schlafende Männer gebissen und getötet und sich dann aus dem Staube gemacht. Die Dorfbewohner glaubten, es sei „Muritiwalesu", der Schatten des Todes, die Schwarze Mamba *Dendroaspis polylepis* gewesen und holten Ionides.

Er fand die Missetäterin erst am Abend, wie sie unglaublich schnell durch das dichte Baumwerk eines Baumes glitt. Immer wieder verfing sich der Greifstock, und erst im letzten Licht der untergehenden Sonne faßte die Greifzange wenigstens den Schwanz der Schlange. Das zwei Meter lange Tier schlug wild um sich, und jeder befürchtete, sie könne sich befreien, ehe sie auf die Erde gezogen war. Dort peitschte sie erst recht den Boden und schlug rasend nach dem Fänger. Einmal verfehlte sie ihn nur um Zentimeter. Im Dunklen ging der Kampf auf Leben und Tod für beide weiter. Die Zuschauer wichen zurück und schrien auf. Die Schlange hatte sich aus dem Zangengriff befreit und stürzte sich wütend auf Ionides, den man gebissen wähnte. Beide wälzten sich im roten Staub. In höchster Not gelang es dem Fänger, den Hals der Schlange in die Greifzange zu bekommen. Die Gehilfen sprangen hinzu, und vereint wurde die Grüne Mamba überwältigt. Ionides war unverletzt.
Die Afrikaner bevorzugen einen Stock mit einer Bindfadenschlinge. Im Busch nördlich von Malindi am Ufer des Sabaki River, ehe dieser sein lehmiges Wasser in den Indischen Ozean ergießt, bedienten auch wir uns eines solchen Stockes. Als wäre sie ein Stück Liane, lag eine Grüne Mamba hoch oben im Geäst eines Baumes. Langsam, jede Erschütterung vermeidend, die das Dösen der Schlange beenden konnte, stieg ich hinauf. Schon nahe bei ihr, fielen Sonnenstrahlen durch die

Blätter, und ihr Leib leuchtete smaragdgrün auf, ihre Haut irisierte kupferfarben. Da sah ich weiter oben eine zweite Grüne Mamba. Mit zwei dieser unberechenbaren Biester hatte ich es also zu tun! Jede falsche Bewegung konnte sie aufschrecken, sie flüchten oder wie ein grüner Pfeil auf mich schießen lassen. Langsam, noch langsamer brachte ich die Schlinge vor den Kopf der Mamba. Ein Ruck! Die Schlange schnellte nach vorn, die Schlinge schnellte zu, etwa einen Viertelmeter hinter dem Kopf, der Schlangenkörper peitschte umher, riß Blätter los, umwand Äste, mußte gelöst werden. Doch die Schlange war gefangen, die zweite Mamba geflüchtet.

Beim Fang ungiftiger Schlangen bedarf es keiner solchen Vorsicht. Sie fängt man mit der Hand und nimmt einen Biß hin, schützen einen keine Lederhandschuhe. Sie sind im Umgang mit ungiftigen Riesenschlangen vonnöten. Alle Riesenschlangen sind nunmehr durch das Washingtoner Artenschutzübereinkommen und staatliche Gesetze geschützt.

Daher die Schilderung des griechischen Historikers Diodorus Siculus, wie ein Felsenpython *Python sebae* für den altägyptischen König Ptolemaios II (285 bis 246 v. Chr.) gefangen wurde: Mit Stricken und Ketten wollten sie sich des trägen Tieres, dreißig Ellen lang, bemächtigen und gingen dreist darauf los. Näher gekommen, sahen sie der gewaltigen Schlange feurige Augen, die hin- und herschwingende Zunge, den schuppenbe-

deckten Leib und die riesigen Zähne im schrecklichen Rachen. Furcht bemächtigte sich der Fänger. Dennoch wagten sie es, dem Umgetüm eine Schlinge um den Schwanz zu werfen. Das Tier jedoch drehte sich unter greulichem Zischen um, packte den vordersten und verschlang ihn und erwürgte den nächsten, während sich die anderen Fänger in überstürzter Flucht retteten. Die Jäger versuchten nun mit List, was ihnen mit Gewalt mißlang. Als die Schlange ihr Schlupfloch beutesuchend verließ, verrammelten sie es mit großen Steinen und hoben davor ein tiefes Loch für eine Reuse, weit größer als die Schlange, aus. Das Untier kam zurück und überragte hocherhobenen Hauptes die Reiter auf ihren Pferden, die es beschossen, Hunde bellten, Trompeten schmetterten. Die Schlange erschrak und wollte in ihr Schlupfloch, fand es verschlossen und floh in die Reuse. Die ward geschlossen, ehe die Schlange es sich versah. Die Gefangene tobte entsetzlich, fauchte und zerbiß Teile ihres Behälters. Es half ihr nichts, sie wurde nach Alexandria gebracht, durch Fasten ermattet und mit der Zeit wunderbar zahm. Voller Stolz führte sie König Ptolemaios allen Besuchern als seines Reiches größte Besonderheit vor.
Mag auch der Bericht übertrieben sein, Schlangen kämpfen um Freiheit und Leben. R. MELL, dem wir viele Kenntnisse von chinesischen und hinterindischen Reptilien verdanken, hatte einen Kampf mit einer großen Rattenschlange, der "Dhama" der Inder *Ptyas*

mucosus, zu bestehen. Sie ist von ungestümer Wildheit und Kraft. Die Strömung eines Flusses trieb Mell eine solche Schlange zu. Er warf sich in das Wasser, und es gelang ihm auch, die Schlange hinter dem Kopf zu fassen, ehe sie tauchen oder ihn nennenswert beißen konnte. Doch das über zwei Meter lange Tier wand sich mit solcher Kraft um seinen rechten Arm, daß er wasserschluckend unterzugehen drohte. Er wickelte mit letzter Kraft das Tier vom Arm und stieß es in die Strömung, heilfroh, noch einmal davongekommen zu sein.

Warum werden Schlangen gefangen? Ungiftige zumeist, damit sie im Terrarium eines Liebhabers ihr weiteres Dasein – oft mehr schlecht als recht – fristen. Doch Giftschlangen nicht nur deshalb. Der Bedarf der über zwanzig bekannteren Institute für Schlangengiftserum und der vielen Schlangenfarmen in aller Welt an Lieferanten für das benötigte Gift ist groß. Zunehmend benötigt auch die Heilmittelindustrie Gift für begehrte Medikamente.

Allein das brasilianische Seruminstitut Butantan bei Sao Paulo, wo ich zu Gast war, „verbrauchte" in der ersten Hälfte unseres Jahrhunderts eine reichliche halbe Million Giftschlangen. In den zehn Jahren von 1948 bis 1957 lieferten die rund 1 600 freiwilligen Schlangenfänger dem Institut 131 269 Giftschlangen. Etwa 13 000 werden ständig gehalten. Jede einzelne muß mindestens zweimal im Jahr zum „Melken" eingefangen werden, ein Weltrekord besonderer Art zum Wohle der Menschheit, von dem niemand sonderlich Notiz nimmt. Trotz größter Vorsicht und Erfahrung werden jährlich bis zu zehn „Schlangenmelker“ gebissen und müssen trotz sofortiger Seruminjektionen Dauerschäden an Sehkraft, Nieren oder der Leber hinnehmen. Und manch einem vom Personal, dem ich in Butantan begegnete, fehlten ein oder zwei Finger. Neuerdings „melkt“ man die Schlangen elektrisch, wenn sie durch eine Röhre kriechen.

Mit kaltblütigen Schlangenfängern hatte es F.W. FITZSIMONS vom Schlangenpark des Port Elisabeth-Museums in Südafrika zu tun. Drei Jungen von fünfzehn, dreizehn und zehn Jahren fingen und verkauften Giftschlangen an den Schlangenpark, um ihr Taschengeld aufzubessern. Doch bald wurden die Schlangen in der Umgebung rar, und sie kamen überein, müheloser Geld zu verdienen. Während der Jüngste und der Älteste Wache hielten, sprang der dreizehnjährige über die Mauer und barfuß mitten hinein in das Gehege der Giftschlangen. Seine Ausrüstung bestand aus einem Kissenbezug, einem kurzen gegabelten Stock und einem meterlangen Zaundraht, der am Ende zu einem Haken gebogen war. Damit fing er seelenruhig im Mondlicht oder im trüben Licht einer entfernteren Straßenlaterne Kobras, Puffottern und andere Giftschlangen und warf sie samt und sonders in den Kissenbezug, bis dieser voll war. Am folgenden Tag verkauf-

ten die Jungen die gestohlenen Schlangen ebenso seelenruhig dem Schlangenpark.
Das tolldreiste Unterfangen sprach sich bald bis zu FITZSIMONS herum, und ein Wärter wurde zum nächtlichen Detektiv bestellt. Bald darauf sah er den Jungen bei der Arbeit, wie er zwei große Puffottern in den Kissenbezug beförderte. Eine dritte Puffotter gebärdete sich wie rasend, blies sich auf und „pufftе" mit laut zischendem Fauchen wie ein Blasebalg und schnellte einer gespannten Feder gleich immer wieder nach dem Jungen, der ihr geschickt auswich.
Puffottern *Bitis arietans* haben einen gedrungenen Körper und einen mächtigen dreieckigen Kopf mit Augen, deren Pupillen senkrecht stehen, die nichts Gutes ahnen lassen. Ihr Gift ist ein furchtbares Hämotoxin, das Blut und Gefäße schädigt. Eine gebissene Ratte stirbt in wenigen Sekunden, ein Mensch langsamer, aber unter zunehmenden Schmerzen, Angstgefühlen und Ohnmachtsanfällen, wenn ihm nicht geholfen werden kann.
Der Junge bemerkte den Wärter zu spät und wurde gefaßt. Sein Schreckensruf alarmierte die wartenden Kumpane, die ihn gebissen glaubten. Der Zehnjährige kam ihm zu Hilfe, setzte über die Mauer, sprang über die erboste Puffotter – und prallte gegen den Wärter. Am Morgen wurden die jungen Schlangenfänger ihren überraschten Eltern übergeben. Es waren angesehene Bürger.

Die Schlange als Tier

Komme gerade von Tini! Ich hatte ihr eine große, tote Ratte mitgebracht. Bei lebender Beute – Mäusen, Ratten, Küken und Fröschen – erregt sie sich noch zu sehr. Tinis gespaltene Zunge fuhr durch den schmalen Lippenspalt des geschlossenen Maules, flackerte auf die Ratte zu, bezüngelte sie, biß zu, ließ los und wartete. Dann suchte sie wiederum züngelnd den Kopf der Ratte und begann sie von dort aus mit dem Pelzstrich zu verschlingen. Je weiter das Beutetier in dem gewaltig gedehnten Maul verschwand, um so straffer dehnte und spannte sich die Haut an Kopf, Nacken und Hals, die Hautschuppen spreizten sich und gaben die Zwischenschuppenhäute frei, dünn wie eine Membran und gespannt wie das Fell einer Trommel.
Warum züngelt eine Schlange? „Damit sie die Freuden des Schmausens doppelt genieße!“ meinte Aristoteles vor 2300 Jahren. A. BREHM sah die Zunge im vorigen Jahrhundert ausschließlich als zum Tasten geeignet an. Erst um die dreißiger Jahre unseres Jahrhunderts kamen der englische Forscher Noble und deutsche Wissenschaftler dem Geheimnis der zweigeteilten Schlangenzunge auf die Spur. Verklebt man einer Schlange die Nasenlöcher, so findet sie trotzdem züngelnd ihre Beute. Selbst eine erblindete Würfelnatter *Natrix tesse-*

lata erzüngelte sich schnell das Stückchen Fischfleisch, das ich in das Wasser des Terrariums gab, eine Vipernnatter *Natrix maura,* die sich ihre Zunge an einer Glühlampe verbrannt hatte, jedoch nicht mehr. Ringelnattern jagen selbst im völlig abgedunkelten Terrarium ihre Beute und unterscheiden besser als jeder Lurchkenner unfehlbar einen Grasfrosch vom Springfrosch. Das gibt den Beweis, wie wichtig der Geruchssinn für die Schlange ist. Er wird weniger durch die Riechschleimhäute der Nase als vielmehr durch die Zunge im Zusammenspiel mit dem sogenannten Jacobsonschen Organ vermittelt. Das besteht aus zwei Grübchen im vorderen Gaumendach, kleinen Hohlräumen, die mit Sinneszellen ausgekleidet sind. Läßt man eine Schlange gegen eine Rußplatte züngeln, finden sich in den zwei Grübchen Rußpartikelchen. Ebenso werden Geruchsstoffe von der Schlange mit der Zunge aufgenommen und dem Jacobsonschen Organ zugeführt, dessen Sinneszellen sie „riechen“ und dem Gehirn „melden“. Ganz so unrecht hatte auch A. BREHM nicht. Auf der Oberfläche der Zunge lassen sich Geschmacksnerven nachweisen. Sie ist auch Tastorgan.

Züngelnd finden sich die Geschlechter zur Begattung. Mit dem Geruchssinn erkennen sich Freund und Feind. Am Geruch macht eine Klapperschlange ihre ärgste Freßfeindin aus, die Königsschlange *Lampropeltis.* Sie stellt sich nicht nach Klapperschlangenart wie sonst einem Angreifer unerschrocken entgegen, den Vorderkörper senkrecht in Form einer Spirale aufgerichtet, Kopf und Hals S-förmig zum todbringenden Biß gleich einer Feder gespannt, sondern sie drückt sich an den Boden, schlägt mit einer Körperwindung nach der Feindin und schützt derart ihren Kopf gegen deren Kiefer, die sie letztlich doch fassen.

Schlangen sind praktisch taub. Es fehlen, wovon man sich leicht überzeugen kann, das Außenohr ebenso wie das Trommelfell, die Paukenhöhle und die Eustachische Röhre, die sonst gewöhnlich das Mittelohr mit dem Rachenraum verbindet. Hingegen ist das Innenohr gut ausgebildet. Mit ihm nimmt die Schlange selbst leichte Erschütterungen über den Unterkiefer wahr. Sie werden dem Innenohr über das Unterkiefergelenk, das Quadratbein und einen Gehörknöchel (Stapes) zugänglich gemacht.

Die Sehfähigkeit ist je nach Schlangenart unterschiedlich. So gut wie blind – allenfalls noch fähig, Hell und Dunkel zu unterscheiden – sind die urtümlichen Blindschlangen (Typhlopidae) und die Schlankblindschlangen (Leptotyphlopidae), die bei ihrer unterirdischen Lebensweise auch nicht mehr an Sehkraft benötigen. Baumschlangen hingegen und Schlangen mit gelben Augenlinsen sehen gut bis sehr gut. Das Gelb filtert den blauen Lichtanteil heraus und mindert die chromatische Aberration (Abbildungsfehlerhaftigkeit). Schlangen des Graslandes können nicht weit sehen. Wozu auch!

Der Verfasser mit einer gefangenen Trugnatter: der Sandrennatter *Psammnophis*.

Sieht man von den Afrikanischen *Dasypeltis* und den geschützten Indischen Eierschlangen *Elachistodon westermanni* einmal ab, die nur auf Vogeleier aus sind, fressen Schlangen vornehmlich bewegliche Beute: Nager und andere Säugetiere, Vögel, Fische, Würmer, Insekten, Lurche, Echsen und selbst ihresgleichen. Ihre Augen sind hauptsächlich auf das Sehen beweglicher Beute eingestellt. Ein Frosch, der ruhig sitzenbleibt, rettet sein Leben, ihn sieht die Ringelnatter nicht.

Ob und inwieweit Schlangen farbig sehen können, ist noch nicht hinreichend geklärt, wie so manches andere

auch. Rot- und Grünrezeptoren in der Netzhaut einer Ringelnatter sprechen dafür.
Das Schlangenauge wirkt eigentümlich starr. Es fehlen bewegliche Augenlider. Das untere durchsichtige Lid überdeckt das Auge nach oben wie ein Uhrglas. Es fehlen dem Auge auch der Rückziehmuskel des Augapfels und der Irismuskel und machen es dadurch noch unbeweglicher. Das ist das ganze Geheimnis des starrstechenden Blickes. Dem Schlangenauge wohnt keine Zauberkraft inne. Keine Schlange hypnotisiert oder lähmt mit ihrem Blick Beute oder Feind. Sitzt das sprichwörtliche Kaninchen vor der Boa, schnuppert und wittert, so bannt es nicht der Schlange Blick. Es kennt die Gefahr nicht und harrt einfach der Dinge. Bisher ist die Schlange ihm noch nicht begegnet, und wäre sie es, würde es höchstwahrscheinlich nicht mehr leben.
Das Schlangengehirn ist recht einfach gebaut und erlaubt der Schlange nur bescheidene geistige Leistungen, keineswegs Klugheit und Listigkeit, wie es ihr das Alte (Genesis 3,1) und das Neue Testament (Matthäus 10,16) nachsagen. Doch vermögen manche Schlangen in einem gewissen Umfang zu lernen. Viele Wassernattern, wie etwa die südostasiatische Fischernatter *Natrix piscator,* aber auch Kletternattern, wie die Kornnatter *Elaphe guttata* und selbst die herrlich grüne Spitzkopfnatter *Elaphe oxycephala,* holen ihr Futter aus der Hand des Pflegers. Meine Strumpfbandnattern *(Tham-*

nophis) lernten nicht nur das, sondern auch ihre Lieblingsspeise Regenwürmer zu meiden, die ich ihnen anfangs durch Zusätze vergällt hatte.

Der „sechste Sinn“ mancher Riesenschlangen und der Grubennottern (Crotalidae – Klapperschlangen, Lanzenottern, Dreieckskopfottern) gab diesen ihren Namen. Sie besitzen zwischen Nasenloch und Auge je eine tiefe Grube.

Eine Klapperschlange greift, ohne etwas zu sehen, einen heißen Lötkolben an und trifft ihn mit nur fünf Grad Abweichung. Die Gruben sind Sonnesorgane, die Wärmestrahlen orten. Ihre „Infrarot-Dedektoren“ machen die Grubenottern zu den Spürhunden unter den Schlangen. Sie nehmen Temperaturdifferenzen zwischen einzelnen Gegenständen mit der unvorstellbaren Feinfühligkeit von 0,003 Grad wahr. Damit nimmt eine Grubenotter in einer Entfernung von einem halben Meter selbst bei völliger Dunkelheit die Wärmestrahlung einer menschlichen Hand, einer Maus oder einer Ratte und eines Vogels auf.

Die Membran einer Grube ist nur ein hundertstel Millimeter dick. Mehr als 7 000 Nervenenden unter der Oberfläche führen gebündelt zum fünften Hirnnerv *Tectum opticum.* Die überhängenden Grubenränder werfen Wärmeschatten auf die Membran und geben derart die Richtung an. Die Richtungsstrahlen der beiden Gruben überschneiden sich beim Beutetier. Daher kennt die Schlange die Entfernung.

Es ist ein dem Sehen ähnlicher Fernsinn, den der Mensch trotz seiner Thermorezeptoren in der Stirnhaut mit gleicher Empfindlichkeitsschwelle nicht besitzt. Die weit einfacher gebauten Lippengruben mancher Riesenschlangen reagieren immerhin noch auf Temperaturunterschiede von 0,026 Grad.

Ans Wunderbare grenzt die Fähigkeit der Schlangen, Beute zu verschlingen, die um ein Mehrfaches größer ist als ihr Kopf, wie die Ratte, die Tini bekam. Nicht ohne Grund steht das Wort „Schlange" in sprachlicher Verwandtschaft zu „schlingen". Schlangen können ihre Beute nicht zerkleinern. Ein Python oder eine Anakonda von sieben bis acht Metern Länge bewältigt Tiere von der Größe einer Ziege oder eines Schweines. Ende 1982 gingen (in „Das Tier") Fotos um die Welt, die einen drei bis vier Meter langen Felsenpython *Python sebae* beim Fressen einer Thomsongazelle zeigten. Dabei dehnte sich seine Kopfhaut um das Drei- bis Vierfache. Vorher hatte er der Gazelle mit einer Körperschlinge die Hörner abgebrochen.

Berichte, wonach ein Mensch zum Opfer einer Riesenschlange wurde, sind bis auf wenige Ausnahmen ins Reich der Fabel zu verweisen. Auf Celebes fand sich 1977 im Bauch eines sechs Meter langen Pythons die bekleidete Leiche eines seit Tagen vermißten Mannes von kleiner Statur.

Wie sind Schlangen solche Freßleistungen möglich? Nur die Gehirnkapsel, die das Gehirn schützt, umgibt

Ein Rautenpython *Morelia spilotes variegata* frißt eine Ratte.

Der dunkle Tigerpython *Python molurus bivittatus.*

festes Knochengerüst. Die anderen Knochen, der Oberkiefer und der zweigeteilte Unterkiefer sind an Bändern lose eingehängt und daher beweglich. Sie werden beim Schlingen ausgeklinkt und seitlich und gegeneinander verschoben. Dies und eine besondere Kopf- und Nacken-Hals-Muskulatur ermöglichen der Schlange die riesige Sperrweite und Dehnbarkeit des Maules. Beim Schlingen schiebt sich abwechselnd eine Unter- bzw. eine Oberkieferhälfte weiter über das Beutetier, während es die Zähne der anderen Seite festhalten. Es sieht einem Kauen ähnlich. Nach dem Fressen bringt die Schlange ihre ausgeklinkten Kiefer-Gaumen-Knochen in die Normallage zurück. Riesenschlangen reißen dabei ihr Maul so auf, als ob sie gähnten.

Schlangen können bis zu zwei Stunden brauchen, um ein Beutetier herunterzuschlingen und solange nicht ohne Luft sein. Daher strecken manche den weit vorn auf der Zungenscheide gelegenen Kehlkopfeingang vorbei an dem Zuverschlingenden zum freien Atmen heraus. Auch der Bau ihrer Atmungsorgane hilft den Schlangen. Die urtümlicheren Arten nennen noch zwei langgestreckte Lungenflügel ihr eigen, von denen der linke zumeist kleiner ist. Bei den höher entwickelten ist nur noch der rechte vorhanden, und nur sein vorderer Teil dient zum Atmen, der hintere, ein glattwandiger Luftsack, als Vorratsraum, solange der Kehlkopfeingang blockiert ist.

Der ebenfalls dehnbare Schlangenmagen ist langgestreckt wie die anderen inneren Organe, wie Niere, Leber und Herz. Speichelsekrete, die die Beute schlüpfrig zum Rutschen durch die lange Speiseröhre machen, leiten die Verdauung ein. Fermente, die wir als Gift bezeichnen, da sie tierisches und menschliches Leben schädigen, führen sie weiter fort. Mangansalzsäure übernimmt es, die Knochen aufzulösen.
Die Schlangen sind wechselwarme Tiere, ihre Lebensäußerungen hängen von der Außentemperatur ab. Daher finden sich die meisten Schlangenarten in den Tropen und Subtropen. Kälte lähmt die Schlange auch in ihrer Organtätigkeit. Sinkt die Temperatur zu tief, wird die Verdauung unterbrochen, das Unverdaute geht in Fäulnis über, und die Schlange stirbt, gelingt es ihr nicht, die Masse rechtzeitig auszuwürgen. Auch eine Schlange, die angegriffen oder verfolgt wird, würgt die Beute aus, um sich besser verteidigen oder schneller flüchten zu können.
Es gibt keine Schlange mit tauglichen Beinen. Diese Tatsache und die äußerst langgestreckte Gestalt sind das auffallendste Kennzeichen. Dies bedingt eine Vielzahl von Wirbeln und Rippen, von 180 Wirbeln bei den urtümlichen Blindschlangen, bis zu 560 Wirbeln bei den höher entwickelten Formen, die höchste Anzahl, die wir bei einem Wirbeltier kennen.
Die beiden Kammern des Schlangenherzens sind wie bei den anderen Reptilien noch nicht vollständig ge-

trennt. Das Herz liegt lang ausgebreitet vielfach im ersten Viertel der Gesamtlänge und nur bei wenigen Schlangen weiter auf den Schwanz zu. Fährt man massierend über den Bauch, läßt es sich ertasten. In der Herzgegend möchte keine Schlange festgehalten werden und wehrt sich dagegen.

Die Schlangen leben ohne richtige Gliedmaßen. Doch das hat die Natur vielfach wettgemacht: Durch besondere oder besonders gute Sinnesorgane, durch Gift, wovon noch zu berichten ist, vor allem aber durch eine erstaunliche Beweglichkeit des Schlangenkörpers. Daher konnten sich die Schlangen ihren Biotopen und den Beutetieren, die sie dort finden, im Jagdverhalten vortrefflich anpassen. Und wo überall leben und jagen die Schlangen nicht: In den trostlosen (für den Menschen) Wüsten, Steppen und Savannen, in den Felshängen der Gebirge, im regendampfenden Urwald und grünwuchernden Dschungel ebenso wie in den Wäldern und in kalten Zonen bis hin zum Polarkreis, in den Kreuzottern noch bis zum 67 Grad nördlicher Breite kriechen. Schlangen leben im Meer, in Seen, Teichen und Sümpfen, erklettern mit scharfen Kielen an den Bauchschienen Palmen und Baumwipfel, gleiten durch unwegsames Gelände und dorniges Gestrüpp, schwimmen, tauchen, wühlen sich in Sand und durch Boden, schlängeln sich dahin und schießen über flirrendheißen Wüstensand so schnell, daß das menschliche Auge kaum zu folgen vermag. Nur echtes Fliegen haben sie noch nicht gelernt. Die überschlanken „fliegenden Schlangen“ des indopazifischen Raumes gewinnen in der Luft keine Höhe, wenn sie sich aus schwindelnd hohen Palmkronen, nachdem sie deren Geckos und andere Echsen fraßen, der Luft zum Sprung nach unten anvertrauen.

Von den Schlangen erwartet man, daß sie sich in den bekannten sinusförmigen Wellenbewegungen „schlängeln“, und fast alle können es, voran die schlanken Nattern (Colubridae) und die Giftnattern (Elapidae). Jede kleinste Unebenheit des Bodens wird ausgenutzt, um sich abzudrücken zum scheinbar mühelosen Vorwärtsgleiten. Kopf und Hals bahnen den Weg, und jeder Teil des Schlangenkörpers folgt dieser Spur. Je weiter ausholend die Wellen (Krümmungen), um so kraftvoller und schneller kommt die Schlange voran.

Bei vielen Schlangen ist es mit der Schnelligkeit nicht weit her, doch die Zornnattern *Coluber* und ihre Verwandten in den nordamerikanischen Trockengebieten, wie die Peitschennattern *Masticophis,* die „Racer“, schaffen an die zwanzig Stundenkilometer. Den absoluten Rekord hält mit über dreißig Stundenkilometern die Schwarze Mamba *Dendroaspis polylepis* Afrikas.

Viele Schlangen, besonders mittelschlanke wie unsere Kreuzotter, verstehen sich auch auf das Ziehharmonika- oder Regenwurmkriechen. Wie sich ein Regenwurm mit seinen Borsten auf dem Boden verankert, so tut es die Schlange mit ihren Bauchschienen, zuerst den Vorderteil, um den hinteren wellenförmig nachzuziehen, dann diesen, um den Vorderteil vorwärts zu bringen und so fort. Das erfordert ein abwechselndes Strekken und seitliches wellenförmiges Biegen des Körpers dank starker Rückenmuskulatur und ist keine besonders schnelle Art, sich fortzubewegen.

Vornehmlich kurze, dicke Vipern und Puffottern befleißigen sich des noch langsameren gradlinigen Raupenkriechens. Im Unterschied zum Ziehharmonika-Kriechen bleibt die Wirbelsäule gerade ausgestreckt. Bauchmuskeln, Haut und freistehende Rippen bewegen den Schlangenkörper vorwärts ähnlich wie bei einer Raupe. Durch die Rippenteile des Schlangenkörpers läuft eine gerade harmonische Wellenbewegung und erinnert an die Beinwellen eines Tausendfüßlers.

Einige Giftschlangen sandiger Wüsten, wie die Hornviper *Cerastes cerastes* und die kleinere Avicennaviper *Cerastes vipera* in der Sahara, die McMahon-Viper *Eristicophis macmahoni* der Grenzwüsten zwischen Afghanistan und Pakistan, die Zwergpuffotter *Bitis peringueyi* Südwestafrikas und schließlich die Gehörnte Klapperschlange *Crotalus cerastes* der südwestlichen USA haben völlig unabhängig voneinander eine ganz besonders der Wüste angepaßte Art der Fortbewegung entwickelt: das Seitenwinden.

Die losen Sandkörnchen der Wüste bieten eiligen Schlangen keinen ausreichenden Halt. Schlängelnde Wellenbewegungen würden sie nur hin- und herpendeln lassen. Daher werfen sie einen Teil ihres Körpers seitwärts nach vorn und ziehen den anderen Teil nach, wie wenn eine Spirale seitwärts rollt. Der schuppige Schlangenleib schleudert so schnell hin und her, daß das menschliche Auge die einzelnen Phasen nicht erfassen kann. Man muß schon den Spuren im Sand nachgehen.

Ich tat es auf der Suche nach der berühmt-berüchtigten Hornviper *Cerastes cerastes* am Nordrand der Sahara mit Mohammed, einem marrokanischen Berber. Schon die „Heilige Schrift" Altägyptens kannte diese schuppenrasselnde Bewohnerin der Wüste unter dem Namen „Fi", gleichbedeutend mit dem F-Laut, wie ihr Zischen klingt. Herodot, ältester griechischer Historiker, wußte von ihren zwei Hörnchen über den Augen zu berichten und hielt sie für heilig. Den Menschen werde sie nicht gefährlich. Darin irrte er sich gründlich. Eingegraben bis zum Kopf übersicht man sie leicht, und schnell ist gebissen, wer barfuß geht, wie die Kinder in den Oasen der Sahara. Die zentimeterlangen Giftzähne der Hornviper injizieren ein höchst wirksames Blutgift.

Vor vierhundert Jahren klagte der alte Gesner in seinem Schlangenbuch: „Es ist die Sag, diese gehörnte und Schlangen vergiffter Art seyen vor Zeiten viel in Egypten gefunden worden, die ein gut Teil Land darinnen eingenommen, und dasselb verherget und einöd gemacht, daß es niemand mehr bewohnen können."

Mit Mohammed stampfte ich durch den Sand, bis wir zwischen Steinen auf gerundete frische und andere

gerade noch erkennbare Eindrücke stießen: Hornvipern, die sich eingegraben hatten, um tags der sengend heißen Sonne und nachts der Wüstenkälte zu entgehen. Man muß es einmal gesehen haben, wie diese Wüstenschlange ihre sägeartigen Flankenschuppen schüttelt, sich in den Sand rüttelt und langsam versinkt, zuerst mit dem Schwanz und zuletzt mit dem Kopf und das alles zusammenrollt, was die charakteristische Zeichnung hervorruft, die ihr Vorhandensein verrät.
Mohammed stocherte mit dem Stecken im Sand, und ein lautes zischendes Rascheln antwortete. Die Viper rieb die Sägeschuppen ihrer Flanken, doch uns konnte sie nicht schrecken. Halb noch im Sand versuchte sie zu fliehen, doch Mohammed ergriff sie geübt am Schwanz, ließ sie auspendeln und steckte sie in das aufgehaltene Leinensäckchen. So erging es auch den anderen Schlangen, nur zwei entkamen. Mit den Vipern nie zugetrauter Geschwindigkeit schossen sie über den flirrenden Sand, unmöglich war es, sie einzuholen. Ihre Spuren bestehen aus hintereinander gereihten S-Figuren, denen der Zusammenhang fehlt. Nie liegt also der ganze Schlangenkörper auf dem Boden auf, nur an zwei Punkten berührt er den brennendheißen Sand. Mathematisch exakt verteilt die Schlange ihr Körpergewicht und verhindert ein seitliches Abgleiten. Das ist perfektgekonntes „Seitenwinden“!
Doch nicht nur das zeichnet diese Schlange der Wüsten aus. Sie tragen alle ein mehr oder minder rauhes,

gekieltes Schuppenkleid zum besseren Halt auf Sandboden und – mit Ausnahme der Zwergpuffotter – hochstehende von Hörnchen geschützte Augen, um auch eingegraben in Sand noch sehen zu können. Sie sind ein lebender Beweis der Evolutionsthese von den Parallelentwicklungen: Gleiche Umwelt und gleiche Lebensweise führen selbst in verschiedenen Erdteilen bei nicht miteinander verwandten Arten zur selben oder einer ähnlichen Anpassung an den Biotop.
Mit in den Baumkronen lebenden Schlangen, besonders aber mit wühlenden Nattern, deren Kopf zum Grab- und Bohrwerkzeug umfunktioniert ist, meist mit drehrundem Körper, verkürztem Schwanz und glatten Schuppen, ließen sich die Beispiele vermehren; mit den Nasennattern *Rhinocheilus,* den Hakennattern *Heterodon,* den Blattnasennattern *Phylorhinchus* und den Schaufelnasennattern *Chionactis* Nordamerikas, den afrikanischen Schaufel- *Scaphiophis* und Schnabelnattern *Rhamphiophis* und den Schnauzennattern *Lytorhynchus* und schließlich mit der südamerikanischen Spindelnatter *Atractus* und der südasiatischen Zwergnatter *Calamaria,* die alle mehr oder minder wühlen und sich ähneln.

Tarnfärbungen und Warnverhalten können sich gleichen und auch Warnfärbungen, etwa die Korallentracht einer Querringelung aus schwarzen, gelben, roten und weißen Farben, wie sie die hochgiftigen Korallenottern *Micrurus* aus der Familie der Giftnattern

(Elapidae), harmlose Königsschlangen *Lampropeltis* und Trugnattern (etwa *Erythrolamprus aesculapii*) vorweisen können. Kommen sie im selben Verbreitungsgebiet vor, werden sie als Mimikry (Nachahmung) gedeutet. Dann hätten die harmlosen die giftigen in der Warntracht „nachgeahmt", um wie diese von Feinden verschont zu bleiben. Das sollte man nicht zu wörtlich nehmen. Es könnte nur ein Selektionsvorgang sein. Doch vermögen überhaupt Feinde mit so giftigen Schlangen Erfahrungen zu sammeln, wenn sie einen Biß nicht überleben? Sind dann die schwachgiftigen Trugnattern „nachgeahmt" worden, wie R. MERTENS meint? So gibt es im Reich der Schlangen noch manches, was zu enträtseln uns bisher nicht gelang.

Der Mythos von der Urschlange

Komme gerade von Tini! Sie lag in ihrem Schlupfkästchen. Sie liebt das dunkle Versteck. Auch mir ist mit ihrem Aufenthalt dort gedient, denn das Schlupfkästchen läßt sich von außen schließen, und ich kann ungestört im Terrarium arbeiten. Selbst wenn Tini „zahm" werden sollte, werde ich es so halten. Doch was heißt bei einer Giftschlange schon zahm? Schon manche „zahme" biß ihren Pfleger nach Jahren des Vertrautseins. Habe ich Tinis Terrarium gesäubert, das Wasser gewechselt und frischen Torfmull gestreut, wird der Schlupfkasten geöffnet. Oft machte sie von meinem Freiheitsangebot keinen Gebrauch, doch diesmal kam sie züngelnd hervor und richtete sich auf. Funkelnden Auges stand sie mir gegenüber, majestätisch wie ein zürnend-strafender Gott!

Wen wundert es, daß Schlangen unsere Vorfahren stark beeindruckten. Sie sind eine Urerfahrung des Menschen gleich anderer ihn bedrängender Erscheinungen der Natur. Der Mensch war darauf angewiesen, mit diesem unheimlich-geheimnisvollen Tier, ihm überlegen durch tödliches Gift, auszukommen und es seiner geistigen Welt einzuordnen, und sei es auch nur, indem er es verehrte. In einer tieferen Schicht seines Bewußtseins, im Unbewußten, fand die Schlange Eingang in die Welt seiner Gottheiten. In der tiefsten Schicht der Urgefühle der Menschheit wurzelt der Mythos von der Urschlange, die Erde und Himmel, Tiere und Menschen erschuf und am Ende der Zeiten das Geschaffene verschlingen wird, schwankend zwischen Tag und Nacht, Hell und Dunkel, zwischen Himmel und Erde und im übertragenen Sinne zwischen Gut und Böse. In diesem Mythos fand der Mensch seinen geistigen Standort und seine Identität.

Nach L. LURKER sind Vögel und Reptilien im Glauben zahlreicher Völker dem Ursprung aller Dinge besonders nahe und die Vögel dem Himmel und dem Licht, die Schlangen hingegen dem Wasser, der Erde und der Finsternis zugeordnet. Wohl als erster hat 1882 A. BARTH beim Studium der indischen Religionen auf verschiedene Stufen des Schlangenphänomens hingewiesen. Die erste Stufe sieht er in der unmittelbaren Verehrung der Schlange, weil sie der geheimnisvollste und schrecklichste Gegner des Menschen sei. Auf der zweiten Stufe ist die Schlange die Gottheit des Wassers, der Quellen und Flüsse, und auf der dritten bringt er sie in Verbindung mit dem großen mythologischen Kampf zwischen Licht und Dunkel, zwischen Gut und Böse.

Der Schweizer H. EGLI kommt in einer neuesten Untersuchung zu einem ebenfalls dreistufigen „Schlangensymbol“, wie er es nennt. Er lebte viele Jahre an der Ostküste Taiwans (jap. Name für Formosa) bei dem kleinen Malaienvolk der Paiwans, das ihn zu seiner

Arbeit inspirierte. Bei diesem von der Schlange faszinierten Volk fand er alle drei Stufen noch lebendig: Die Stufe der neueren Zeit mit den Aspekten Gift und soziale Macht, Häutung und Leben, die der früheren Zeit mit den Aspekten unterirdische Welt und unterirdische Schätze und die der Urzeit mit den Aspekten höchster Schöpfer und kosmischer Kampf.

Diese letzte und tiefste der Stufen, die keineswegs scharf voneinander abgrenzbar ineinanderfließen, umfaßt das Phänomen der Urschlange. Es ist bei den meisten Völkern rund um den Erdball nachzuweisen.

Die Urschlange, dem Element Wasser zugeordnet, ist Urkraft und Urmutter, Anfang der Dinge und der Zeit, aber auch ihr Ende, eine stete Bedrohung für die Erde und den Menschen. Sie straft mit Erdbeben, Dürre und Hungersnot und benötigt zur Versöhnung vielfach Menschenopfer, wie es Sagen widerspiegeln: Von Perseus und Andromeda, die dem Schlangendrachen geopfert werden sollte, oder von Amor und Psyche, die zur Braut eines Schlangenunholds auserkoren war.

Die Urschlange lebt in den Schöpfungsmythen Südostasiens, Melanesiens, Neuguineas bis Australiens, wie H. RITTER es aufzeigt. Die Schöpfungsgeschichte der Ngadju-Dajak auf Borneo beginnt (nach H. SCHÄRER) wie die meisten anderen mit: „Es geschah damals, in der Urzeit, in der paradiesischen Zeit, als sich alles noch im Rachen der aufgerollten Wasserschlange befand ...“. Bei den Ungaryin im Nordwesten Australiens gab es am Anfang der Dinge im Urmeer nur die Urschlange Ungud in Gestalt einer Regenbogenschlange. Sie warf einen Bumerang, worauf das Meer Land freigab. Darüber wanderte sie und legte ihre Eier, aus denen die Wondjina entstanden, die Ahnen der heutigen Menschen.

Bei den Jali im Norden Neuguineas heißt die Urschlange Mami. Sie wohnte in einer Höhle, als es noch keine Menschen gab. An einer Feuerstelle gebar sie zwei Männer und später auch zwei Frauen, die Urahnen der Menschen. Einheimische Volksstämme auf Java, Sumatra, den Fidschi- und anderen Inseln stellten sich die Urschlange vor, wie sie die Erde trägt. Bewegt sich die Schlange, bebt die Erde.

Den Hindus Indiens ruht Vishnu, höchster der Götter, auf der Urschlange Shesha, auch Ananta, die Endlose genannt. Sie wiederum liegt auf dem Rücken einer Schildkröte, und beide schwimmen sie im Urozean. Auf der Hauba der Schlange ruht die kommende Schöpfung wie ein Embryo im Mutterleib. Auch noch heute meditiert Vishnu zwischen den Zeiten seiner Inkarnation, der Welt kosmisch entrückt, auf dem Körper der edlen Kobra, der Weltenschlange, deren sieben Köpfe ihn beschirmen und wie ein Baldachin beschatten. So zeigt ihn eine hohe Steinsäule im Tempel zu Hadmandu – und auch an anderen Orten in Indien.

Im vorklassischen Ägypten erhob sich die Urschlange Atum aus dem Urozean. Sie schuf alles und war Son-

nengott und Vollender. Am Ende der Zeiten wird sie alles auflösen und in den Ozean zurückkehren.
Im Griechenland der Pelasger, der Ureinwohner, schied Euronyme, die Göttin aller Dinge, zuerst das Meer aus dem Chaos. In diesem Okeanos, der die Erde umgab, lebte Ophion, die Große Schlange. Sie paarte sich mit der Göttin Euronyme und gebar in Gestalt einer Taube das Weltenei, um das sich die Schlange siebenmal wand und es ausbrütete. Dem Ei entsprangen alle Dinge dieser Erde und schließlich auch die Menschen. Die Pelasger glaubten daher, von der Schlange Ophion abzustammen.
Im Europa der Germanen liegt die Weltenschlange Midgardsorm im Ozean, der die Midgard, die Wohnstätten der Menschen, umschließt. Doch an den Wurzeln der Weltesche Yggdrasil nagt unverdrossen der scheußliche Drache Niddhöggr, um die geschaffene Welt eines Tages zu vernichten. Auch bei den Kelten verschlingt La Tarasque, das Ungetüm von einer Urschlange, alles das, was es selbst geschaffen hat. Das zeigt eine Plastik aus der keltischen La-Tène-Zeit (3. Jahrhundert v. Chr.) im Museum Calvet zu Avignon.
Auch jenseits des großen Ozeans ist der Mythos von der Urschlange lebendig, wie W. KRICKEBERG erforscht hat. Als Beispiel diene die Sonnenschlange Amana bei den Kalina an der südamerikanischen Küste Surinams. Sie ist eine jungfräulich schöne Frau im

Wasser des Himmels und in Gestalt einer Schlange das Fundament des Universums. Amana hat alle Dinge geboren. Sie ist die personifizierte Ewigkeit, denn als Schlange wechselt und erneuert sie ständig ihre Haut.
Nach Auffassung der Nahua Altmexikos schwamm in der Urzeit im gestaltlosen Meer ein Ungeheuer. Gott Quetzalcoatl, der uns noch beschäftigen wird, und Gott Tezcatlipoca verwandelten sich in Schlangen und rissen das Ungeheuer in zwei Teile. Aus dem oberen Tal wurde der Himmel, aus dem unteren die Erde.
Wenig positive Züge trägt die altmexikanische Göttermutter Coatlicue. Zwei steinerne Monumente aus Telochtitlan, der alten Hauptstadt, zeigen sie mit einem Rock aus lauter Schlangen. Sie verschlingt jegliches, was auf der Erde stirbt und einstens die Gestirne des Himmels noch dazu.
Es können hier nur zwei Ausstrahlungen des Mythos' von der Urschlange aufgezeigt werden: als gute die Urschlange in ihrer Eigenschaft als „Große Mutter“, als „Magna Mater“, und als schlechte der Kampf mit dem Drachen.
Die Gottheit „Magna Mater“ ist die lebensspendende, erzeugende aber auch die verschlingende Mutter Erde, die Inkarnation der Urschlange. E. KÜSTER vermutet eine „ursprüngliche Identität von Schlange und Gottheit.“ In vorgriechischer Zeit stand die „Magna Mater“ als Göttin des Lebens und der Fruchtbarkeit, doch auch des Todes und der Totenwelt, im Glanzlicht der Kulte

der Minoer, Mykener, Pelasger und Kanaanäer. Schlangen bedeuteten ihnen eine Inkarnation der Göttin. Ausstrahlender Mittelpunkt dieses Schlangenkultus war das minoische Kreta. Hier fand man auch im Palast des Knossos Frauenstatuetten mit Schlangen in beiden Händen und mancherlei andere Schlangenbildnisse. Am eindrucksvollsten belegt unter ihnen die Schlangengöttin den „Magna-Mater-Kult", die im Museum Iraklion auf Kreta aufbewahrt wird.

Die Kanaanäer, Nachbarvolk der Israeliten, verehrten als Muttergöttin Ashera, die Göttin mit den Schlangen, die auch Tinnith, Tamit oder Antlitz des Baal genannt wird. Auf einem ägyptischen Relief aus der Zeit um 1 300 v. Chr. übergibt sie dem kanaanäischen Gott Reschef Schlangen. Sie wird im Alten Testament vornehmlich im Buch 1 Könige oftmals genannt. Auf den dort erwähnten „heiligen Pfählen auf jedem ragenden Hügel und unter jedem grünenden Baum" (1 Könige 14, 23) wird man sich Schlangen vorzustellen haben. Erst Hiskia (Ezechias), König von Juda, „fällte die Ashera und schlug die eherne Schlange, die Moses verfertigt hatte, in Stücke. Denn ihr hatten bis zu jener Zeit die Israeliten Rauchopfer dargebracht" (2 Könige 18, 4). Der Bibel verdanken wir mithin den wichtigsten Beleg des israelitischen Schlangenkultes, dem (nach H. EGIL) selbst im Tempel von Jerusalem gehuldigt worden sein soll.

Zahlreiche Funde im Vorderen Orient belegen die

weite Verbreitung des Kultes mit der lebensspendenden ehernen Schlange. Es spricht vieles dafür, daß er auf den Mythos von der Urschlange zurückreicht als der Mutter allen Lebens. Der im Alten Testament häufig gebrauchte Name „Eva" leitet sich aus dem semitischen „chawwa" her, das Schlange, aber gleichzeitig auch „Mutter allen Lebens", bedeutet.

Der kretisch-minoische Schlangenglaube eroberte auch das vorhellenistische Griechenland, schließlich war Athen schon vor den Griechen eine mykenische Siedlung. Deshalb spiegelt sich manches vom Mythos der Urschlange und der „Mater Magna" auch in griechischen Göttinnen wider. Selbst die Göttin Athene, Sinnbild der Klugheit und zuständig für die Wissenschaften und die schönen Künste, kann (so R. VON RANKE-GRAVES) ihre Schlangenherkunft nicht verleugnen. Schlangen begleiten sie selbst noch als griechische Göttin. Der hundertköpfigen, vielsprachigen Schlange Ladon, die das goldene Vlies im Areshain zu Kolchis bewacht, gebot sie, den verschlungenen Jason auszuspeien, und die Schlange tat, wie ihr geheißen. Das ist auf einer antiken Schale zu sehen, die im Vatikan aufbewahrt wird. Athene ließ nicht nur den Ölbaum auf der Akropolis Athens ergrünen, sie setzte auch Erichthonios, halb Mensch, halb Schlange, zum Hüter des Heiligtums ein und hieß ihn, sich tausendfach um den Baum zu winden. In Gemeinschaft mit einer Schlange hatte sie ihn großgezogen.

Der sagenumwobene Kekrops, ältester König von Attika, galt als ein anderer Sohn der Mutter Erde und war ebenfalls halb Mensch und halb Schlange. Er genoß als schlangenfüßiger Gründer Athens Verehrung. Die königlichen Familien Athens fühlten sich als die Nachkommen des Schlangenwesens Erichthonios, trugen goldene Schlangenamulette und hielten eine heilige Schlange als seine Verkörperung im Erechtheion, einem Tempel auf der Akropolis mit Altären der Athene und des Erichthonios. Auf seiner Südseite ist das Grab des Kekrops angebaut, so daß sie ihren Verdiensten gemäß vereint sind, diese Schlangengestalten.
Schlangen bestimmten den Ursprung der gesamten griechischen Götterwelt, und zu Recht vermerkt G. THOMPSON: „Die Verehrung der Schlangen stellt eines der Hauptmerkmale der griechischen Religion dar.“ Dem Chaos Einhalt gebietend gebar Mutter Erde (Gäa) Uranos, den Urahn aller Götter. Sein Regen aus dem Himmel fiel auf Mutter Erde und befruchtete sie. Sie gebar das Grün, die Vögel und die anderen Tiere. Ihrer Vermählung mit der Luft verdanken ihr Dasein die Unterwelt, Tartaros und die Erinnyen, die Rachegöttinnen, die mit dem Bündel Schlangen auf dem Kopf Sittenlose und Rechtsbrecher durch das Dunkel ihrer bösen Taten peitschten.
Doch das Schrecklichste aller Schlangenungeheuer zeugte Mutter Erde im Zorn mit ihrem eigenen Sohn Tartaros: Typhon! Statt der Beine winden sich Knäuel

von Schlangen, statt der Hände züngeln unzählige Schlangenköpfe. Mit dem Meer zeugte Mutter Erde Pontos und dieser die Schlangenfrau Echidna. Sie und Typhon vermählten sich. Sie hatten furchterregende Kinder: den Wachhund der Unterwelt Kerberos mit drei Schlangenköpfen, die Sphinx vor den Toren Thebens, die vielköpfige Wasserschlange Hydra, die am Eingang zur Unterwelt lauert, und die feuerspeiende Chimäre, vorn Löwin, in der Mitte Ziege und hinten Schlange. Erst der Held Bellerophon konnte sie auf seinem geflügelten Pferd Pegasus besiegen.

Doch damit nicht genug. Aus der Vereinigung von Echidna und Typhon entsprangen auch die drei Gorgonen, von denen Medusa in ein Ungeheuer mit Schlangen statt Haaren verwandelt wurde. Ihr Blick ließ jeden zu Stein erstarren, der ihr zu nahe kam. Perseus gelang es, sie zu enthaupten; ein paar Tropfen Blut fielen in den Wüstensand und verwandelten sich sogleich in einen Schwarm zischend-giftiger Vipern.

Vom griechischen Dichter Hesiod (um 700 v. Chr.) wissen wir manches über die minoische Schlangengöttin Demeter, der „Erdmutter", Tochter der Zeusmutter und des Kronos, die spätere Ceres der Römer. Sie befahl Triptolemos, die Erde grün und fruchtbar zu machen, und er fuhr von da an mit einem Wagen über die Erde, den geflügelte Schlangen zogen.

Diese Schlangengöttin kam an ihrer Hauptkultstätte Eleusis (dem griechischen Elefsis – einem der ältesten

Orte Attikas) im Geheimkult der Eleusischen Mysterien zu neuen Ehren. Bis ins vierte Jahrhundert nach Christus lassen sich die Kulthandlungen jeweils im Herbst eines jeden Jahres nachweisen. Siebzehn Jahrhunderte später huldigte Schiller der Göttin in seinem philosophischen Gedicht „Das Eleusische Fest". Ein römischer kaiserzeitlicher Relieffries zeigt Demeter, wie sie auf einer geflochtenen Kiste sitzt, um die sich eine Schlange windet. Ein Myste tritt gerade an sie heran, und ihn überkommt dank göttlicher Huld der Schlangengöttin die Gewißheit des ewigen Lebens. So schließt sich der Kreis, denn die Schlange in oder auf der Kiste war, wie H. EGLI vermerkt, „das Symbol der lebensspendenden ‚Magna Mater', wenn nicht gar ihre Inkarnation".

Im guten Aspekt der Urschlange als Schöpferin des Universums klingt bereits ein negativer an: Am Ende aller Zeiten wird die Schlange ihre eigene Schöpfung verschlingen. Wohl macht sie das zu einer Bedrohung des Lebens auf der Erde, doch entspricht es der Zweiheit, wie sie der Mensch vorfand: Tag und Nacht, hell und dunkel, Himmel und Erde, Leben und Tod, gut und böse! Es sind Gegenpole in einem Spannungsverhältnis.

Sie finden ihren Ausdruck in den Mythen vom Drachenkampf, den beinahe alle Völker dieser Erde kennen und manche, wie die alten Ägypter, Babylonier, Hethiter und Kanaanäer, in Zeremonien zu Neujahr

(Wintersonnenwende) darstellten. Der Sieg über den Drachen bedeutet der Welt Rettung vor dem Rückfall in das Chaos des Urzustandes.
Den Chinesen sind alle Dinge aus Drachen entstanden, schuppigen Schlangenleibern mit menschlichem Oberkörper. Das erste mystische Drachen- und Kaiserpaar waren Fu-Shi und Nü-Kua. Dieser stellte die Ordnung wieder her, die das Schlangenungeheuer Kung-Kung in Frage gestellt hatte. Beide schufen durch ihre Vereinigung den Menschen. Dem ersten Drachenpaar folgten viele Drachendynastien. Der Drache avancierte zum Symbol höchster Macht. Die chinesischen Kaiser stammten angeblich von ihm ab und wurden mit „echter Drache" tituliert, bis die Revolution von 1911 dem ein Ende bereitete. Bei dem chinesischen Drachentanz mit einer zehn Meter langen Papierschlange zum Neujahrsfest im Frühling kämpft die Sonne sinnbildlich noch heute mit dem Drachen.
Im Indien vorarischer Zeit ging Amrita, die Quintessenz des Lebens, in der Tiefe des Urozeans verloren, und die Schlangendämonen (Asuras) gerieten mit den Göttern (Devas) in Streit. Vishnu benützte die Weltenschlange Shesha als Quirlseil, Asuras und Devas zogen und „butterten" den Ozean, bis sie den verlorenen Becher Amrita gefunden hatten. Nun entbrannte der Streit aufs neue, denn jede Gruppe wollte zuerst trinken. Schließlich einigten sie sich, Mohini, ein wunderschönes Mädchen, sollte entscheiden. Sie entschied sich

für die Götter. Als sie getrunken hatten, verschwand Mohini mitsamt dem Becher Amrita. Es war Vishnu in weiblicher Gestalt gewesen. Die Götter bestanden von nun an dank Amrita jeden Kampf gegen die Schlangendämonen des Wassers so wie die Sonne den mit der Finsternis.

Nach der Einwanderung der Indogermanen nach Indien gelangte Indra, der Gott des Blitzes und des Donners, zu immer größerem Ansehen und wurde zum Gegenspieler von Vritra, dem gewaltigen Schlangendämon des Wassers. In einem unerbittlichen Kampf spaltete er der für unverwundbar gehaltenen Vritra den Kopf und befreite die Wolkenkuh, die Ströme von Wasser fließen ließ. Schließlich wiederholte sich der Urkampf jedes Jahr. Ein Mythos war Religion geworden.

Den Ägyptern vorklassischer Zeit wurde die Urschlange Atum im Laufe der Zeit zur bösen Apophis, die in Ketten gefesselt in der Unterwelt herrscht. Zerrt sie an ihren Ketten, stürmt das Meer und bebt die Erde. Jeder Gestorbene muß auf seinem Weg durch die Unterwelt an der Schlange vorbei. Die Seelen schlechter Menschen haben keinerlei Chance zu entkommen. Der Lauf der Sonne Re versinnbildlichte jeden Tag aufs Neue den Kampf mit Apophis. Die Sonne gewinnt ihn immer wieder, das Blut der Schlange färbt den Himmel rot, nur bei einer Sonnenfinsternis ist zu befürchten, daß die Schlange die Sonne verschluckt.

Sumerische Tontafeln des Zweistromlandes Mesopotamien aus der Zeit von 2500 bis 2000 Jahren v. Chr. berichten als älteste Funde vom Drachenkampf in sumerischer, babylonischer und assyrischer Sicht. Die babylonische Schöpfungsgeschichte der Enuma Elish bezeugt den Kampf Marduks mit der Meerschlange Tiamat, die als Abgrund-Mutter ständig Schlangen mit spitzen Zähnen und noch unerbittlicheren Kiefern gebiert. Tiamat vermählte sich mit Kingu, um ihm die Macht über die Götter und die Erde zuzuschanzen. Niemand traute sich zum Kampf. Deshalb bat die Göttin Ea Anshar, die Lichte, Marduk mit dem Kampf zu betrauen, und die Götter krönten ihn zu ihrem König. Dann zog Marduk im mit vier Pferden bespannten Wagen an der Spitze des himmlischen Heeres gegen die Schlange. Er warf sein Netz über sie, und sie wollte ihn verschlingen. Doch Marduk jagte die Stürme durch ihren schrecklichen Rachen, sie konnte ihn nicht mehr schließen, und sein Pfeil drang durch die Eingeweide bis ins Herz. Er spaltete der Schlange den Schädel und schnitt sie in zwei Teile, der obere wurde der Himmel, der untere die Erde, die zwei rechten Augen der Schlange flossen aus zum Tigris, die zwei linken zum Euphrat.

Die Hethiter, dieses indogermanische Volk, das um 2000 v. Chr. nach Anatolien kam, kannten die mächtige Drachenschlange unter dem Namen Illujanka. Die Göttin Inara lud die Schlange zu einem Festmahl. So

erlesen waren die Speisen, daß die Schlange zuviel aß und trank und nicht mehr in ihr Erdloch paßte. Der Sterbliche Hupashija fesselte sie, und der Wettergott Teshup tötete sie im Kampf mit Schwert und Speer, wie es noch heute eine Felsenskulptur in Malatia zeigt.
Bei den Kanaanäern in der Nachbarschaft der Israeliten war Yam eine siebenköpfige Drachenschlange, Gegenspielerin Bals, dem Gott des Himmels, des Regens und der Fruchtbarkeit. Er besiegt schließlich Yam und zerstückelt sie, wie Funde bei Ras Shamra aus der Zeit um 1400 v. Chr. belegen.
In der Bibel wird aus Yam Leviathan, „die geringelte flüchtige Schlange, auch Drachen genannt" (Isaias 27, 1 und Hiob 26, 13) und steht statt Bal Yahwe, der Herr. Er zertrümmert dem Ungeheuer den Kopf, das dennoch darauf lauert, sich gegen den Himmel zu erheben (Hiob 3, 8).
Das Neue Testament schildert denn auch den Kampf des Erzengels Michael und seiner himmlischen Scharen gegen den Drachen: „Gestürzt wurde der große Drache, die alte Schlange, die den Namen Teufel und Satan trägt, der den ganzen Erdkreis verführt, er wurde hinabgestürzt auf die Erde, und seine Engel wurden mit ihm gestürzt" (Offenbarung des Johannes, 12, 9). Die christliche Verachtung der Schlange fußt vornehmlich hierauf.
Für die Ureinwohner Griechenlands, die Pelasger, wohnte Euronyme, die Göttin aller Dinge, mit der

Riesenschlange Ophion auf dem Berg Olymp. Doch Ophion erregte mit der Lüge, er sei der Schöpfer der Erde, den Zorn der Göttin. Sie trat ihn auf den Kopf und verbannte ihn in die dunkle Hölle unter der Erde. Seitdem steht Euronyme für das Oben, das Licht, und Ophion für das Unten, das Dunkel.
Bei den Griechen besiegte Zeus persönlich mit Blitz und Donner das Schlangenungeheuer Typhon, stülpte auf Sizilien den Ätna darüber und schloß es so für alle Zeiten ein. Schon in der Wiege hatte der griechische Halbgott Herakles, der Herkules der Römer, mit Schlangen zu kämpfen, die ihm die Gemahlin seines Göttervaters Zeus geschickt hatte, um sich für Zeus' Seitensprung zu rächen. Doch die Schlangen erwürgten nicht den kraftstrotzenden Säugling, sondern er sie. Noch mehr an Kraft bedurfte er bei seinem zweiten Schlangenabenteuer in den Lernäischen Sümpfen mit der Hydra, der siebenköpfigen Schlange.
Bei den Germanen nahm Thor, der Gott des Donners und des Blitzes, den Kampf gegen die Weltenschlange Midgardsorm auf. Er warf seinen Hammer nach ihr und zerschmetterte ihr den Kopf. Wotan mußte mit seinem Speer gegen eine sich aufbäumende Schlange kämpfen. Ob dies der berühmte Hornhäuser Reiterstein zeigt, ist nicht ganz sicher. Die Hufe des Pferdes zertreten die vielfach gewundene Schlange. Der strahlende Held Siegfried erschlug den Lindwurm Fafnir, badete in seinem Blute und gewann den Nibelungenhort. Altger-

manische Gürtelschließen mit Schlangenornamenten aus der Zeit vor etwa 1500 Jahren v. Chr. und der 1934 bei Kottbus geborgene burgundische Goldschatz mit Schlangenkopfringen zeigen die Verbundenheit mit Schlangen.

Der Schlange uralter Ruhm ist verblichen, kein Wissender spricht sie weder heilig noch schuldig. Doch noch immer steht der Mensch im Banne der Schlange, die seinen Weg kreuzt, starr entsetzt und kaum fähig, sich abzuwenden. Dafür finden „aufgeklärte“ Menschen unterschiedliche Begründungen: Was kriecht, schleicht, sich windet, verabscheue der Mensch aus einer tief eingewurzelten Abneigung. Bei den Psychologen gilt das „Gesetz des Winkels“, je mehr ein Tier dem Menschen ähnele, gar aufrecht gehe wie ein Bär oder aufrecht schwimme wie ein Seepferdchen, um so sympathischer sei es ihm. Die vergleichenden Verhaltensforscher schreiben es einem „angeborenen, auslösenden Mechanismus“ zu, wenn man die Kopfproportionen eines Pekinesen, von Waldspringmaus, Taube oder eines Käuzchens „niedlich“ findet wie die eines Kindes. Damit können Schlangen nicht dienen.

Mag das alles so sein, letztlich werden mit der Schlange tiefste Erinnerungen der Menschheit wach, Urinstinkte, wie sie den Mythos von der Urschlange schufen, und treten unbewußt ins Bewußtsein und machen die Schlange zum unheimlich-geheimnisvollen zutiefst faszinierenden Tier.

Die Schlange in der Antike und im Christentum

Komme gerade von Tini! Ich wollte sie fotografieren, doch sie lag in ihrem Schlupfkästchen und war nicht willens, sich zu zeigen. Daher mußte ich sie sanft aus dem Dunkel ihrer Höhle vertreiben und griff zum Eisenhaken. Sie glitt erbost durch das Terrarium, doch ohne sich aufzurichten, wie es einer gereizten Kobra wohl ansteht. Selbst ein Klopfen an der Scheibe und ein weiteres Bedrängen mit dem Haken nahm sie gelassen hin, nur bemüht, aus der Helle des Tages wieder in das Schlupfkästchen zu verschwinden, was ihr das verschlossene Türchen verwehrte. Schließlich rollte sie sich hinter dem Stein im Terrarium zusammen und sah mich unverwandt an, als habe sie etwas gegen den Fotoapparat.

Schlangen: Etwas Unberechenbares bleibt, selbst wenn man sie noch so gut zu kennen meint. Sie sind nicht wie andere Tiere, nicht verspielt wie ein Kätzchen, und sie kennen keine Treue wie ein Hund. Sie haben nichts von der Anmut eines Rehes, aber auch nichts von der eisigen Gefühlskälte einer Spinne. Welten trennen sie von einer schwirrenden Libelle, einem im Sonnenlicht gaukelnden Falter und von der frohen Unbeschwertheit eines zwitschernden Vogels.

Ihr Gift erheischt den Respekt der Menschen, die ihren Lebensraum mit Schlangen teilen. Dabei wird nicht mehr die tiefste Schicht des Menschen angesprochen wie in Urzeiten mit dem Mythos von der Urschlange, doch es reichte, die Schlange in früheren Zeiten heilig-erhaben zu sehen, einer Gottheit gleich.

Den Ägyptern war die ägyptische Kobra, die Uräusschlange *Naja haje,* heilig, eine fleischgewordene Gottheit. „Ara", die Aufgerichtete, Sinnbild der Erhabenheit und neben dem Falken den Pharaonen Symbol der Herrscherwürde. Seit dem Mittleren Reich (etwa ab 2040 v. Chr.) trugen sie die Schlangenkrone als Zeichen ihrer Macht, um kundzutun: Der feurige Gifthauch der Schlange wehrt alles Böse ab und besiegt jedweden Feind, wie die Kronengöttin Uto es bezeugt, deren heiliges, unberührbares Tier die Kobra ist. Die Uräus war eine Erscheinungsform des feurigen Auges des Sonnengottes Re und prangte auf der Stirn von dessen Sohn, dem König. Ein toter Pharao stieg auf zu der Uräusschlange, wie Pyramidentexte es festhalten.

Erst später wurde die Kobra das heilige Tier der Göttin Isis und fehlte bei keiner Prozession. Priesterinnen, antike Vorläufer unserer Schlangentänzerinnen, trugen die Schlangen andachts- aber respektvoll (wegen des Giftes), wenn auch ihr Biß Unsterblichkeit im Jenseits verlieh.

Der Ruhm und die Macht der Uräusschlange sind vergangen wie die Pharaonen auch. Doch Zeichen ihrer göttlichen Verehrung blieben uns in Stein gehauen, in Metall geprägt und in Bildwerken erhalten. Im Grab des Tutanchamun (1347 bis 1339) schmückt sie die Stirn dieses jungverstorbenen Pharaos. In Karnak, auf dem östlichen Nilufer unweit von Luxor, halten zwei der anmutigsten Kobras in Stein nach wie vor Wacht auf dem Architrav des riesigen Eingangstores zur mächtigsten Tempelanlage des alten Ägyptens. Die zum Kreis geschlossene Schlange, das spätere Uroboros-Symbol der Griechen, erhielt sich als magisches Zeichen bis in die Gegenwart.

Die Uräusschlange ist die „Aspis" der Antike, über die beinahe jeder römische und griechische Schriftsteller zu berichten weiß, zumeist mit mehr Phantasie als Beobachtungsgabe. Plinius hält sie für ein „entsetzliches Tier zarten Gefühles, in treuer Ehe lebend, bis der Tod den Partner nimmt".

Noch einmal taucht diese geschichtsträchtige Schlange aus dem Dunkel der Vergangenheit auf. Ihr erwies die ebenso schöne wie listenreiche Kleopatra, Königin von Ägypten und Frau des Mark Anton, nach der verlorenen Seeschlacht von Aktium im Jahre 31 v. Chr. die Ehre, sich durch einen Biß in die Brust von ihr töten zu lassen.

Hätte sich die extravagante Selbstvergifterin der Antike eine Viper ausgesucht, wäre ihr Tod um einiges schmerzhafter gewesen. Mit ihrem Biß wurden gelegentlich Verbrecher hingerichtet, so vor zweieinhalbtausend Jahren auf Lesbos in der Ägäis. „Viper vom Dienst" war vermutlich die Levanteotter *Vipera lebetina,* deren Blutgift erst nach Stunden oder gar Tagen schmerzvollster Qualen zum Tode führt. Die Aztekenherrscher Perus bedienten sich zur Hinrichtung besiegter Generäle wahrscheinlich der Lanzenotter *Bothrops.* Schlangen halfen, Schlachten zu gewinnen, wie wir vom römischen Historiker Justinus erfahren: Der große Karthager Hannibal hat nicht nur Elefanten, sondern auch Schlangen – wahrscheinlich die Bergotter *Vipera xanthina* – kriegerischen Zwecken dienstbar gemacht. Nach der Niederlage gegen die Römer war er zu König Eucemenes von Pergamon geflohen und führte für diesen Krieg mit mehr Erfolg als er selbst hatte. Als sich die Flotte des bithynischen Königs Prusius zum Kampf stellte, ließ er Tonkrüge voll Vipern auf die feindlichen Schiffe werfen. Die Krüge zerbarsten, und zischende Vipern ergossen sich beißwütig auf die wakkeren Kämpfer, die, einer solchen Invasion ungewohnt, in Panik gerieten und die Schlacht verloren.

Mit Vipern derart umzugehen, sagt Aelius Lampridius Kaiser Heliogabal nach, der demnach eine sehr eigenwillige Auffassung von „panem et circenses" gehabt haben muß. Er ließ haufenweise Vipern sammeln, die es damals noch im Überfluß gab, und bei öffentlichen Spielen unter das Volk schütten, um sich an dem Entsetzen geängstigter, gebissener oder im Gedränge umkommender Menschen zu ergötzen.

Doch das geschah später, in frührömischen Zeiten waren Schlangen den Göttern vorbehalten. Merkur, Götterbote und Beschützer der Kaufleute wie der Diebe, trug stets einen geflügelten Stab bei sich, den zwei Schlangen umwanden. Und selbst Apoll, vielgestaltiger Gott des Lichts, des Orakels und manch anderer Obliegenheiten, bedurfte gelegentlich der Hilfe einer Schlange zu seinen Künsten.
Schon als Kind und noch in den Armen seiner Mutter erschlug er den Drachen, wie Euripides in „Iphigenie bei den Taurern“ schreibt. Im Hain von Epirus warteten Schlangen, von zarter Priesterinnen-Hand gespeist, auf seine Befehle. Er ließ seinen Priester zu Troja, Laokoon, der ihn beleidigt hatte, samt seinen zwei Söhnen von zwei Riesenschlangen erwürgen, inspirierte dadurch einen spätantiken Bildhauer zur vielbewunderten Marmorskulptur, die erst 1506 in den Ruinen der Thermen des Titus entdeckt wurde, und diese wiederum Lessing 1766 zu der berühmten Studie „Laokoon“.
Doch alles übertrifft Asklepios, der Gott der Heilkunst, dessen von einer Äskulapnatter *Elaphe longissima* umwundener Stab den Ärzten noch heute Berufssymbol ist. Die älteste Darstellung von Schlangen, die sich um einen Stab winden, auf einer Vase des sumerischen Fürsten Gudea von Lagasch stammt aus der Zeit um 2300 v. Chr. Die tieferen Wurzeln des Kultes mit der Äskulapnatter reichen demnach weit zurück und

weisen ins alte Ägypten, nach Babylon und auf das minoische Kreta. Dort verehrte man sie in Tempeln, heiligen Höhlen und auf Altären, und das nicht ohne Grund: Glaukos, der Sohn des Königs Minos, kam im Palast zu Knossos ums Leben. Polyeidos fand den Toten und wurde mit ihm zusammen lebendig beerdigt. Im Grabmal sah er, wie eine offensichtlich heilkundige Natter den Toten mit einem heilkräftigen Kraut zum Leben erweckte.

Homer erwähnt Asklepios in der Ilias als guten Arzt. Erst durch die Schlange avancierte er zum Gott der Heilkunde. Sein Heiligtum stand in den Tempeln des Waldtales bei Epidauros, der alten Seestadt im Nordosten des Peloponnes. Hier lebte von Priestern betreut die heilige Äskulapnatter im Tholos, einem kleinen Rundbau. An der Wand der Säulenhalle hingen unübersehbar viele Votivtafeln, und hier waren die offiziell anerkannten Heilungen eingemeißelt. Es war der berühmteste Wallfahrtsort der Antike, allein das Amphitheater faßte 15000 Menschen. Von weither strömten die Pilger und Heilungsuchenden, zu Lande und zu Wasser, einzeln und in Prozessionen. Bei den Gottesdiensten zu Ehren von Asklepios erhellten Opferfeuer die Nacht, Feuerbecken verströmten Weihrauchduft und Priester heilten durch Heilschlaf, Handauflegen und wohl auch mit Hypnose.

Es erstaunt, wie die heilkräftige Äskulapnatter und mit ihr der Gott von Griechenland nach Rom kam, dort die

Verehrung von „Aesculapius“ begann, dieser Gott zum „Heiland der Heiden“ aufstieg und lange Zeit in Konkurrenz zu Christus stand. Der römische Schriftsteller Valerius Maximus berichtet es uns: Als die Pest die Stadt Rom drei Jahre lang heimsuchte, befragten gelehrte Priester die Sibyllinischen Bücher und entnahmen, nur Gott Asklepios könne helfen. Daher schickten die verzweifelten Römer per Schiff eine Abordnung zum Heiligtum des Asklepios nach Epidauros. Dort trugen sie ihr Anliegen dem Gott vor. Ein paar Tage später kroch eine sanfte Schlange mit „heiterer Lebendigkeit“ durch die Straßen der Stadt. Vom Volk andächtig verehrt, begab sie sich schließlich auf das Schiff der Römer, ringelte sich in der Kajüte des Gesandten Olgunius behaglich zusammen und schlief ein. Nun sah es jeder: Gott Asklepios war zu ihnen gekommen, wie die Priester es verheißen. So segelten die Römer frohen Mutes zurück nach Italien und ankerten schließlich in der Tibermündung. Die Äskulapnatter schwamm auf eine der Inseln, um dort fortan zu wohnen. Die Pest erlosch, Rom war im Jahre 293 v. Chr. gerettet. Der Retterin wurde auf der Insel ein Tempel errichtet. Ihr Bildnis ist noch heute in einem Kloster des heiligen Bartholomäus zu sehen.
Zur Zeit um Christi Geburt hielt der römische Kaiser Claudius Nero Tiberius unter seinen vielen Schlangen auch Äskulapnattern. Sie gehörten zum Marschgepäck römischer Legionäre und sollen derart auch nach Ger-

Die Äskulapnatter *Elaphe longissima.*

Eine Königsnatter *Lampropeltis* in Angriffsstellung.

maniens jetzigem Schlangenbad gekommen sein. Doch das ist wenig glaubhaft. Die Äskulapnattern, die dort, bei Passau und am Neckar bei Hirschhorn leben, tun dies weniger der römischen Geschichte als vielmehr dem mildem Klima zuliebe. Im spätrömischen Reich selbst wurden Äskulapnattern in mehr als dreihundert geweihten Heilstätten gehalten und verehrt.

Den Germanen waren Schlangen Glücksbringer und Schatzhüter. Sie verliehen Wohlgesinnten die Gabe, die Sprache der Tiere zu verstehen oder unverwundbar zu sein. Der Sigestein, zauberkräftig und siegverleihend, findet sich im Krönlein einer Schlange. Mit einem wunderkräftigen Schlangenei rettete Isolde von Arundele den todkranken Tristan. Der alte Zauberer Merlin hatte es ihr anvertraut. Über neunzehn Schlangen, die zu einem gräßlich-zuckenden Giftknäuel verknotet auf dem Grunde des schwarzen Sumpfes zu Estrangolia lagen, sprach er in einer sternlosen Nacht seine Beschwörung vor. Sie wirkte so stark, daß das Schlangenknäuel unter wildem Zischen in die Höhe fuhr und unter entsetzlichen Krämpfen das Zauberei gebar.

Nach christlicher Auffassung ist die Schlange mitverantwortlich für den Sündenfall, trägt Mitschuld an der Erbsünde, denn sie verführte Eva zur Übertretung des göttlichen Gebotes. Und Gott, der Herr, verfluchte die Schlange: „Weil du dies getan hat, sei verflucht aus allem Vieh und allem Getier des Feldes! Auf deinem

Bauche sollst du kriechen und Staub fressen dein Leben lang!" (Genesis 3,14). Zumindest letzteres pflegen Schlangen nicht zu tun. Adam und Eva gingen, die Schlange ringelte sich aus dem Paradies, mit gespaltener Zunge prüfend, was sie erwarte, ob sich der Fluch erfülle: „Feindschaft will ich stiften zwischen dir und der Frau, zwischen deinem Samen und ihrem Samen; er wird dir den Kopf zertreten, und du wirst nach seiner Ferse schnappen!" (Genesis 3,15). Die Ausbreitung des Christentums war somit für die Schlangen alles andere als erfreulich.

Die Schlange wurde verteufelt, zum Symbol des Bösen und der Sünde und, gestützt auf die Apokalypse der Geheimen Offenbarung des Johannes, zum Satan schlechthin. Maler und Bildhauer bereicherten die Phantasie der Gläubigen auf ihre Weise. Die Schlange nahm um den biblischen Baum gewunden Teufelsgestalt an.

Auch die Dichter trugen das ihre bei. Das Schlangenlabyrinth in Dantes Hölle könnte schrecklicher nicht sein. Schlangen winden sich um die armen Sünder, fesseln Arm und Bein, pressen Hals und Kopf, durchdringen Nieren und Eingeweide und fließen vorn zum Knäuel zusammen (24. Gesang).

Die Drachentötermärchen wurden in christlicher Sicht umgedeutet. Der christliche Drachentöter kämpft nicht mehr mit dem Drachen-Schlange-Ungeheuer, um die liebreizende Königstochter nebst Thron zu gewinnen, sondern für Christus und sein Reich. Für den Erzengel Michael, Führer der himmlischen Heerscharen und Sieger im Drachenkampf, findet das in der Apokalypse der Geheimen Offenbarung des Johannes seine Begründung. Sein irdisches Abbild hingegen, der heilige Georg, wurde seit dem ersten Kreuzzug (1096–1099) lediglich als edler Ritter und als einer der vierzehn Nothelfer und erst später als strahlender Drachentöter verehrt.

Nur wenig für Schlangen Positives findet sich in dieser Zeit. In manchen Darstellungen umwindet eine Schlange das Kreuz Christi. Das ist eine Besinnung auf Moses und seine eherne Schlange auf dem Stabe, deren Anblick Gebissene heilte (Numeri 21, 8 und 9). Der heilige Ambrosius (um 339 bis 397), einer der vier großen Kirchenlehrer, setzte gar die eherne Schlange mit Christus gleich. Noch im Spätmittelalter genoß eine zu Mailand aufgestellte eherne Schlange Verehrung und erwies sich als wundertätig.

Der Evangelist Johannes wurde gelegentlich neben seinem Wappentier, dem Adler, mit einer Schlange abgebildet, weil er Christus und Schlange verknüpfte: „Und wie Moses die Schlange erhöhte in der Wüste, so muß auch der Menschensohn erhöht werden" (Johannes 3,14).

Erst die Geistesströmungen, die sich auf die griechisch-römische Kultur rückbesinnen, räumten der Schlange den ihr gebührenden Platz ein: die Renaissance und der

Klassizismus. Auch der Jugendstil war in seiner Naturverbundenheit der Schlange gewogen. Der Boden kulturgeschichtlicher Zeugnisse für die Schlange läßt sich hier nicht im einzelnen ausleuchten. Es sei jedoch vermerkt, daß die Schlange das Tier Shakespeares und um ein Kreuz geringelt das Wappentier Melanchthons war.

Die altägyptische und minoische zu einem Kreis geschlossene, sich in den Schwanz beißende Schlange, das Uroboros-Symbol der Griechen, feierte fröhliche Wiederkehr als Symbol des Weltalls, der Ewigkeit und der erreichten Harmonie von Bewußtem und Unbewußtem. Freimaurer und fromme Herrnhuter bedienten sich seiner gleichermaßen. Goethe inspirierte den Bildhauer Martin Klauer zu dem Schlangenstein im Weimarer Park an der Ilm. Er deutete in einem Brief die zum Kreis geschlossene Schlange als das Gleichnis einer glücklichen Zeitlichkeit, weil der Mensch sich nichts mehr wünsche, „als das Ende an den Anfang anschließen zu können.“ Er gedachte der Schlange als Sinnbild der Weisheit (1795 in „Unterhaltungen deutscher Ausgewanderten“): „Von Farbe grün ist sie schön und klug; ihr Verlangen nach Gold entspricht der Sehnsucht nach sonnenhafter Wahrheit und Erkenntnis.“

In Goethes Faust und in Schillers Räuber treten Schlangen auf, wie überhaupt Dichter und Schriftsteller sich nunmehr der Schlange im guten Sinne bemächtigen. Dabei ist weniger an Kriminalgeschichten und Abenteuerbücher zu denken, wie an Kiplings „Dschungelbücher“, Bonsels „Indienfahrt“ oder André Gides „Afrikanische Reise“, sondern an Hermann Hesse in „Morgenlandfahrt“, Jean Paul in „Siebenkäs“, Paul Ernst in „Der schmale Weg zum Glück“, Paludan in „Vögel ums Feuer“, Knut Hamsun in „Letztes Kapitel“, E. T. A. Hoffmann in „Der goldene Topf“, Hermann Löns in „Dahinten in der Heide“, Hans Carossa in „Eine Kindheit“ und „Verwandlungen einer Jugend“, Max Dauthendey in „Raubmenschen“ und Cesare Pavese in „Der Name“.

Somit sind wir in der Gegenwart und fragen, wie ist das Verhältnis des Christentums zur Schlange in unserer Zeit? Der Mensch des Mittelalters stand unter dem Eindruck eines Tieres, das ihm als dämonenhafte Verkörperung des Bösen und der Strafe Gottes dargestellt wurde. Aufklärung, Säkularisierung und naturwissenschaftliches Denken vermochten dieses Bild nicht entscheidend zu korrigieren.

Der Sündenfallbericht der Bibel läßt sich anders als üblich deuten, nämlich als das Spannungsverhältnis des Menschen in seinem Streben nach ewigem Leben entweder aus eigenem Vermögen oder aus der Hand Gottes. Er wendet sich gegen Gott, wird sterblich und leidet an seinem nunmehrigen Erkenntnisvermögen zu unterscheiden zwischen Himmel und Erde, Hell und Dunkel und Gut und Böse – doch das spiegelt sich schon im Mythos von der Urschlange wider.

Dem heiligen Domenico ist im kleinen Abruzzendorf Cocullo nahe von L'Aquila am Alterno eine Schlangenverehrung besonderer Art zu verdanken. Am ersten Donnerstag im Mai jeden Jahres pilgert eine Schlangenprozession, vorweg die Statue des Heiligen behangen mit Schlangen, vom Dorf bergan zur Kirche San Domenico, und während der heiligen Messe winden sich Schlangen am Altarbild.

Nach Auskunft der Einheimischen bezweckt die „preghiera" die Fürbitte des Heiligen bei Zahnschmerzen, bei Schlangen- und Hundebissen, mag es doch der bissigen Hunde dort genug geben. Eine Viper habe den Heiligen gebissen, doch er sei unversehrt geblieben, ein Wunder, das es zu feiern gelte.

Die vermutlich eigentliche Bedeutung der Prozession ist den Menschen aus ihrem Gedächtnis geschwunden. „Domenico" ist der italienische Name für „Dominikus". Er gründete 1215 den Dominikanerorden, der es sich damals zur Aufgabe gemacht hatte, die südfranzösisch beeinflußten christlichen Reformbewegungen der Albingenser und der Waldenser zu bekämpfen. Für Dominikus waren die Liturgiereformer Ketzer, die er mit dem Satanssymbol Schlange verteufelte. Deshalb sieht man den heiligen Dominikus gelegentlich mit einer (überwundenen) Schlange zum Zeichen seines erfolgreichen Kampfes gegen das Gift der Ketzer – und deshalb die Schlangenprozession. (So auch Engelmann/Obst).

Verehrung der Schlange

Komme gerade von Tini! Sie ist mir wie neu geschenkt. Ihre graue Haut glänzt stählern und schimmert und schillert schöner denn je. Wochenlang hatte sie nicht gefressen und unruhig das Terrarium durchstreift. Welch ein Unterschied zur Zeit vor ein paar Tagen! Unlustig zu allem lag sie hinter dem Stein in der Ecke. Ihr Schlangenkleid war stumpf, ohne jeglichen Glanz, und ihre Augen blickten trübe in eine Welt, die sie kaum noch sehen konnte. Sie mußte sich häuten, um zu wachsen. Mit der verhornten oberen Hautschicht war ihr das nicht möglich, und man sah es ihr an, wie sehr sie dieser hormonal gesteuerte Vorgang beanspruchte. Die Haut der Schlange entbehrt jeglicher Drüsen, sie besitzt weder Schweiß-, Schleim- noch Fettdrüsen. Davon kann man sich leicht überzeugen, wenn man eine Schlange anfaßt. Sie ist weder schleimig noch glitschig, allenfalls naß, entstieg sie gerade dem Wasser.
Beim Menschen und den Säugetieren erneuert sich die Haut laufend. Die Schlangen müssen ihre Hautschicht aus abgestorbenen Zellen von Zeit zu Zeit wie auch andere Reptilien abstoßen, sich häuten. Lymphe dringt zwischen die alte und die neugebildete schuppige Hornhaut, die Körperfarben verblassen, die Augen trüben sich. So etwa nach zwei Wochen verschwinden diese

Die Ringelnatter *Natrix natrix*.

Der brasilianische Hühnerfresser *Spilotes pullatus*.

Merkmale, die Schlange beginnt aufzuleben und sucht nach ca. drei Tagen nach scharfen Steinen, Astgabeln und anderem Material, durch das sie sich zwängen kann, um die alte Haut abzustreifen. Beginnend am Kopf stülpt sie sie um und kriecht gleichsam aus ihrem alten Kleid. Sie hinterläßt die halbdurchsichtige alte Hautschicht, das Natternhemd, ihr vollendetes Ebenbild, das sie mit Schuppen, Schienen und Schildern und den uhrglasartigen Augenkapseln als „Schuppentier" ausweist. Eine solche perfekte Häutung freut den Naturfreund und den Terrarianer, sieht er doch, daß die Schlange gesund ist. Ging die alte Haut nur in Fetzen ab oder mußte er gar nachhelfen, stimmt mit der Schlange etwas nicht, und der Pfleger möchte selbst „aus der Haut fahren".

Menschen früherer Zeiten galt die Häutung der Schlange als Inbegriff von Unsterblichkeit. Die alten Griechen sahen in ihr eine ständige Verjüngung, ja die ersehnte ewige Jugend. „Geras" bedeutete ihnen Schlangenhaut und ewiges Leben zugleich. Der Gilgamesh der Babylonier verlor das Kraut der Unsterblichkeit an die Schlange. Er wurde sterblich, die Schlange jedoch unsterblich. Bei den alten Ägyptern beteten die Toten: „Ich bin eine Schlange und werde wiedergeboren!"

Das Natternhemd hat somit die Phantasie der Völker nicht minder beschäftigt als die geheimnisvolle Schlange selbst, ihr einen Zauber angedichtet und ihn in

Märchen und Sagen ausgeschmückt. Damit sind wir bei der obersten Stufe des Schlangenphänomens, der unmittelbaren Verehrung der Schlange in neuerer Zeit und in der Gegenwart, angekommen.
Um die Ringelnatter *Natrix natrix* ranken die Sorben des Spreewaldes, andere Slawen des Ostens und Südostens und Alpenländler Sagen und Märchen, wie die von den Brüdern Grimm aufgezeichneten, etwa vom Kaiser und der Schlange. Am verbreitetsten sind die Märchen vom Schlangenkrönlein, das der Schlangenkönig trägt, von denen das schönste Ludwig Bechstein erzählt. Er wohnt nicht im Haus, sondern auf freier Flur. Auch trinkt er nicht die Milch der Kuh. Einmal im Jahr zu Johanni (24. Juni) ruft er sein Volk zusammen und alle kommen zu Hauf. Der Schlangenkönig versteht die Sprache der Tiere und gibt seine Gabe an gute, den Schlangen wohlwollende Menschen zu deren Glück und Nutzen weiter, indem er die Ohren des Menschen beleckt. Kassandra wurde derart der Sprache der Tiere mächtig, doch verhallten ihre „Kassandrarufe“ im Trojanischen Krieg ungeglaubt.
Im mittel- und osteuropäischen Raum verkörperte die Ringelnatter auch die Hausschlange. Sie bewohnte den warmen Stall und stand sich mit der Kuh gut, deren Milch sie aus dem Euter saugte. Dafür hielt sie Ungemach von Hof, Haus und Stall fern und verwehrte bösen Geistern und Hexen den Zutritt und brachte denen Glück, die es mit ihr gut meinten. Eine gestorbe-

ne Hausschlange hatte Anrecht, ordnungsgemäß begraben zu werden, sonst starb die Kuh.
Märchen, gewiß, doch sie zeugen auch von des Volkes Beobachtungsgabe. Zu dem Märchen vom Natternkönig trugen wohl die zwei Halbmonde am Hinterkopf der Ringelnatter bei, vielleicht auch abgespreizte Kopfschilder bei der Häutung, wie ENGELMANN-OBST vermuten. Oft lebten die wenig scheuen Ringelnattern, als es noch viele gab, nahe bei den Menschen und bevorzugten wie diese die Nähe von Gewässern. Die Wärme der Kuhställe behagte ihnen und sie legten ihre Eier in Stroh-, Kompost- oder Misthaufen mit gleichmäßiger feuchter Wärme. Im Juni, um Johanni, wenn sie nach dem Winterschlaf noch beisammen waren, paarten sie sich und ließen sich dann leicht aufheben. Ihr Natternkönig hatte sie gerufen.
Allerdings trinkt keine Schlange Milch, es sei, sie verdürste sonst. Zertrampelte eine Kuh eine werdende Schlangenmutter, quoll aus deren Leib der milchige Inhalt ihrer weichschaligen Eier, und der Bauer meinte, sie habe am Euter der Kuh getrunken. In Nordamerika wird eine Anzahl bunter Nattern (Lampropeltis-Arten) als „milk snakes“ bezeichnet wie in Dalmatien verschiedentlich die Vierstreifennatter *Elaphe quatorlineata* als „Cravorciza“, Kuhmelkerin. Sie alle übertrifft der Brasilianer, der den prächtigen Hühnerfresser *Spilotes pullatus* verdächtigt, schlafenden Frauen die Milch aus ihren Brüsten zu saugen. Sie alle können sich auf

auf keinen Geringeren als den römischen Schriftsteller Plinius berufen, der eine Riesenschlange „boa“ nannte, weil sie sich von Kuhmilch ernähre.
Vermutlich wurzelt die Vorstellung von der Milch trinkenden Schlange tiefer in dem Glauben, die Schlange sei ein personifizierter verstorbener Ahne, dem man Speise und Trank schulde. Jedenfalls ist der Glaube uralt. Schon vor rund 5000 Jahren ernannte der Sumererkönig Gudea den göttlichen Eululim zum Hirten, damit im Ninnu-Tempel keine Schlange der heiligen Ziege die Milch wegtrinke.
Die Völker rund ums Mittelmeer übernahmen mit dem minoischen, ägyptischen, griechischen und römischen Erbe auch deren Vorstellungen über die Schlangen und verschmolzen sie mit christlichem Gedankengut. Den Germanen erging es ähnlich, als sie aus dem unwirtlichen Norden in den schlangenreichen Süden eindrangen.
Meines Wissens noch nicht untersucht ist, ob und wie sich Schlangenmythologien Europas mit denen Südostasiens gegenseitig durchdrungen haben. So deuten die Märchen vom Schlangenkrönlein mit Perlen und Edelsteinen auf eine gemeinsame Wurzel hin. In Indien trug bereits die Urschlange Shesha auf ihrem Kopfe Perlen und funkelnde Edelsteine.
Es spricht auch manches dafür, daß der Nimbus der Hausschlange als Hüterin und Schutzgeist des Hauses indogermanisches Allgemeingut ist.

Bei den Römern verkörperte die Hausschlange die Seele des Ahnherrn, nach Plinius sogar das Oberhaupt der Familie (pater familias). Ein Hausaltar in Pompeji bildet den Ahnherrn in Schlangengestalt ab, wie er das Haus beschützt. Die alten Griechen sprachen die Hausschlange mit „Hausherr“ an. Altgriechische Grabsteine zeigen Schlangen an Milchschälchen.

Die ältesten Funde an heiligen Hausschlangen machten dänische Archäologen auf der Insel Bahrein im Persischen Golf, dem „Dilmun“ der Sumerer, aus der Zeit vor rund 5 000 Jahren. Unter mehr als vierzig Häusern fanden sie Töpfe mit Schlangenskeletten und unter dem Palast davon zwölf Stück.

Über China, Japan bis zu den Inseln im Pazifik ziehen sich Märchen von weißen Schlangen und solchen von Schlangen an heiligen Quellen und Wassern, von Schlangenbräuten, die Menschen freien, und erzählt man sich Geschichten über dankbare Schlangen, die gute Menschen belohnen, und manches über ein geheimes Wissen der Schlangen, das sie nur in seltenen Fällen preisgeben.

Wo Hindus leben, mahnen steinernde oder hölzerne Skulpturen vielköpfiger Kobras, die Gott Vishnu bewachen, daran, daß diese Schlange ein halbgöttliches Wesen ist. Und wo Buddhisten beten, weiß man auch, wie die Kobra zu ihrer Brille kam: Als Buddha, der Erleuchtete, noch auf Erden weilte, wanderte er in glühender Sonne über ausgedorrtes Land ohne Baum und

Strauch. Müde legte er sich in die heiße, sengende Sonne. Eine Kobra, ebenso müde und von der Sonne arg mitgenommen, schlängelte sich des Weges, erbarmte sich des Schlafenden, breitete ihr Nackenschild über ihn und gab ihm Schatten. Buddha wunderte sich über die wohltuende Frische, segnete seine Wohltäterin und legte zum Zeichen seiner Dankbarkeit zwei Finger auf ihren Nacken. Seitdem zieren Buddhas Fingerabdrücke die Kobras Indiens. Im Tempel zu Hadmandu thronen schattenspendende Kobra und schlafender Buddha hoch oben auf einer Steinsäule.
Als Buddha nach zahlreichen Verwandlungen ein Heiliger geworden war, wand sich der Schlangenkönig Mukalimba siebenmal um ihn und machte ihn unempfindlich gegen alles, was Menschen schreckt. Zum Dank befahl Buddha den Priestern, Freundschaft mit den Kobras zu pflegen, zu ihrem und der Menschen Wohl. „Nulla Pamba", die gute Schlange, ist die Kobra den Indern vom Volke der Tamilen noch heute. So sehr man sie in Freiheit auch fürchten mag, in Tempeln kann sie göttlicher Verehrung gewiß sein.
Doch nicht nur dort! Gelegentlich trifft man in Indien auf Termitenhügel, geschmückt mit Blumen und Girlanden, umgeben mit Schüsselchen erlesener Gerichte, mit Gewürzen und Früchten, mit Milch und Reis. Hier wohnt Glück und Fruchtbarkeit verheißend Gott Shiva in Gestalt einer Kobra, die den dunklen Unterschlupf liebt. Frauen und Kinder nähern sich ihr furchtlos

vertrauensvoll, denn der Gott straft die Seinen nicht. Frauen tupfen heiliges Kum-Kum-Rot der Kobra auf die Stirn und beten um einen Sohn. Der Gott schenkt Kindersegen. Fruchtbarkeitsriten der Naturreligion des Animismus sind mit dem Hinduismus verschmolzen.

Erwählte ein Kobrapärchen einen Termitenhügel als Hochzeitsstätte, kennt die Verehrung keine Grenzen. Schnell findet sich ein Priester ein und weiht Schlange und Termitenhügel, den Sandelholzduft, brennender Kampfer und geweihte Asche umwehen. Im Laufe der Zeit wächst oftmals ein kleiner Tempel an geweihter Stätte zu den vielen im Lande vorhandenen, wie es sich zur Ehre von Gottheiten geziemt, auch wenn es Schlangen sind.

„Nag-Panchami", das Kobrafest, feiern die Hindus Indiens im Juli eines jeden Jahres und gedenken dabei auch Manasa, der Schlangengöttin, Schwester der Ur- und Weltenschlange Shesha. Ich hatte keine Gelegenheit, ein solches Fest so zu erleben wie H. Miller (Geo-Magazin Nr. 1) im Dorfe Shirala im Süden des indischen Bundesstaates Maharashtra: Die Bewohner dieses Dorfes fürchten die Kobra nicht, denn ihr Dorfheiliger hatte einst von Gott Shiva das Versprechen erhalten, keine Kobra werde jemandem etwas zuleide tun. Dessen eingedenk gehen sie auch mit den Kobras um. Sobald die ersten Monsunregen den verkrusteten Boden aufweichen, fangen sie Hunderte von Kobras und heben sie in Tongefäßen, oben mit einem Tuch zugebunden, in den Gebetsräumen ihrer Häuser auf. „Nag-Panchami“ beginnt bei Sonnenaufgang mit rituellen Waschungen vor der fröhlichen Prozession mit den Kobras zum Tempel vor dem Dorf. Dort weihen sie die Kobras der Tempelgottheit mit Gebeten und Gesang und schwingen sie dabei an ihren Schwänzen hin und her. Am Abend kommen die Kobras wieder in die Tongefäße und harren ihrer Befreiung am nächsten Morgen entgegen, während dessen die Inder fröhlich ausgelassen trinken, singen und tanzen. Miller sah den ganzen Tag lang zu. Keine einzige Kobra hatte zu beißen versucht, und alle waren im Besitz ihrer Giftzähne.

Der historische Schlangentanz war der Schlangengöttin Manasa (Nagini) geweiht. Man sieht ihn nicht mehr. Von der Schlangengöttin zeugen prunkvolle Darstellungen in altindischen Tempeln und auch von der hohen Kunst ihrer Priesterinnen im Umgang mit dem hellen Tigerpython *Python molurus*, einer Riesenschlange ausgeglichenen Temperamentes und kaum aggressiv. Sie liebt dunkle Verstecke und fühlte sich, von zarter Hand betreut, in stabilen Körben in den Tempeln offensichtlich wohl. Nunmehr erst vom Washingtoner Artenschutzübereinkommen wie die anderen Riesenschlangen geschützt, ist sie beinahe ausgerottet. Die Glücksbringerin Südostasiens ist Waglers Lanzenotter *Trimerusurus wagleri* und eine ausgesprochene Schlangenschönheit dazu: in ihrer Jugend kontrastieren

weißrote Querbänder mit dem leuchtenden Grün des Körpers und älter geworden gelbliche Querbinden auf schwarzem Rücken mit Grün durchwirkt. Sie gehört trotz ihres Namens nicht zu den Echten Ottern (Vipera) wie unsere Kreuzotter, sondern zu den Grubenottern wie die Klapperschlangen.
Das Wort „Otter“ geht auf das althochdeutsche „unc“ zurück, was soviel wie Natter bedeutet, und ist sprachverwandt mit dem lateinischen „anguis“ = Schlange, dem englischen „adder“ für Natter und dem „Atter“, das man noch in Bayern hört. Im Neuhochdeutschen wurde daraus einmal „Unke“ für eine Gattung der Froschlurche (z. B. Rotbauch- und Gelbbauchunke) und „Otter“ als weibliches Wort für Giftschlangen und als männliches für eine Unterfamilie der Marder (z. B. Fisch- und Seeotter). Das Wort „Natter“ ist vom lateinischen „natrix“ übernommen, wie die Römer alle Wasserschlangen nannten und die Wissenschaft eine Gattung aus der Unterfamilie der Wassernattern noch heute bezeichnet!
Nach diesem Ausflug in die Philologie zurück zur Glücksbringerin, der Lanzenotter, die sanften Gemütes wohl die gutmütigste aller Giftschlangen ist. Sie beißt allenfalls, wenn man sie unsanft anfaßt, doch wer tut das schon mit einer Glücksbotin! Ihr Gift tötet auch nicht, was ihr schlecht anstünde.
Ihre Heimat sind die malaiische Halbinsel, Sumatra und Borneo – und Tempel. Der berühmteste Schlan-

gentempel Sungei Kluang liegt auf der Insel Penang an der Westküste der Malaiischen Halbinsel. Er ist dem chinesischen Gott Chor Su Kong geweiht, zu dessen „Jüngern“ viele Schlangen zählten. Ihre Nachkommen räkeln sich zu seiner Ehre im Halbdunkel des Tempels und fühlen sich bei reichlichen Opfergaben im süßlichen Duft der Räucherstäbe ausgesprochen wohl: auf dem Boden und hoch oben an Kronleuchtern, in Opferschalen wie auf den Altären, an Bildern und Schnitzereien ebenso wie an Zweigen, die man den Schlangen zuliebe in den Tempel stellt. Selbst von den Bäumen des Vorgartens herab verheißen sie Gläubigen und Touristen gleichermaßen Glück. Es sind ihrer so viele, daß sich der Eindruck aufdrängt, sie seien nicht ausschließlich zum Ruhme des Gottes da, sondern auch der Touristen wegen. Man gibt sie ihnen zu einem Erinnerungsfoto, zum Beweis des wagehalsigen Mutes, in die Hand. Die Schlangen besitzen sämtlich ihre Giftzähne, doch ist trotz des hautnahen Kontaktes mit Gläubigen und Ungläubigen über einen Giftbiß nichts bekannt geworden.
Welch ein absurdes Unterfangen, Giftschlangen in Gotteshäusern zu halten, wird mancher meinen. Doch gibt es Schöneres, als geweihte Stätten mit schönen Tieren zu schmücken – auch wenn es Schlangen sind? Ich hätte gern eine Tempelschlange erworben, wer bedarf des Glückes nicht! Doch der alte Priester mit zerfurcht-vergeistigtem Gesicht blieb unnachgiebig, es

seien geweihte Schlangen und er dürfe sich nicht dem Zorn des Gottes aussetzen. So mußte ich mich nach einer weniger heiligen Glücksbotin umsehen.
Auch Afrika ist reich an Schlangenkulturen. Den Zulus gelten Schlangen als ihre Ahnen. Die Massai glauben, daß die Seele eines Verstorbenen in eine Schlange fahre. Jeder Familie und jedem Clan sind ganz bestimmte Schlangenarten zugeordnet. An der Elfenbeinküste gilt die Schlange als Glücksbringerin. Sie verhilft zu Reichtum, Ruhm und Unsterblichkeit.
Den Stämmen an Afrikas Westküste Guinea war der Felsenpython *Python sebae* verehrungswürdig und wunderkräftig. Negerpriester und Priesterinnen hielten das heilige Tier in Tempeln. Von weither kamen die Gläubigen, um die Schlange anzubeten, und brachten milde Gaben mit, die weniger den Schlangen als vielmehr den Priestern ein angenehmes Leben sicherten. Jedes Jahr vermählten sich die schönsten Mädchen mit der Schlange. Dabei sangen sie Hymnen zu heiligen Tänzen. Ihr Haar wurde geschnitten und in ihre Haut ein heiliges Zeichen eingebrannt. Sie durften sich „Schlangenbraut“ nennen, doch sich nach Belieben anderweitig verheiraten. Nur schweigen mußten sie über ihren Dienst an der Schlange, sonst holte sie der „Abgott“ – in Wirklichkeit der Priester – und stellte

Der Verfasser mit einem gefangenen Felsenpython *Python sebae*, der schnell „zahm“ wurde. ▷

durch den Tod der Frevelnden seinen und der Priester guten Ruf wieder her.
Ein Kupferstich zum Reisebericht des Franzosen Marchais aus dem 18. Jahrhundert zeigt, welch gewaltigen Aufwandes es für eine Prozession zum Schlangentempel bedurfte: Hunderte von Menschen zu Gruppen und militärischen Formationen gefügt und von Trommeln in Schritt und Tritt gehalten. Nur von „Ihrer Gottheit Schlange“ ist nichts zu sehen.
Neger der Guineaküste wurden als Sklaven nach Mittel- und Südamerika verschleppt. Hier fanden sie keine Pythons vor, doch andere Riesenschlangen wie die Königsboa *Boa constrictor*. Ihr erwiesen sie ihre Verehrung, sie wurde ihr „Abgott“. So kam die Königsboa als „Abgottschlange“ nach Europa.
Es ist zugleich eine Geschichte der Irrtümer: Altweltliche Pythons, die Eier legen und nicht wie die neuweltlichen Boas Junge gebären, nannte Plinius „boa“, da er ihnen irrtümlich zuschrieb, Milch zu trinken. Es waren Pythons und keine Boas, die Laokoon und seine beiden Söhne erwürgten, es war ein Python, den, so Plinius, der römische Feldherr Regulus am nordafrikanischen Fluß Bagradad beschoß, weil anders dem Tier nicht beizukommen war, und den Vergil besang. Und mit „Abgottschlange“ meinten die Sklaven Amerikas den Felsenpython ihrer afrikanischen Heimat.
Im Jahre 1962 widmete der jetzige Staat Guinea dem Felsenpython Briefmarken, der Kongo folgte, und nun

zeigen inzwischen nicht weniger als sechs Länder auf Briefmarken einen Python. Sollten womöglich dunkle Erinnerungen an die einstige Pythonverehrung mitspielen?
Die Negersklaven trafen in Amerika auf indianische Kulturen mit ausgeprägten Schlangenkulten, die ihren Ursprung möglicherweise in der Urheimat Asien haben. Nach jeweils 52 Jahren feierten die Tolteken Mexikos den Beginn einer neuen Zeitrechnung auf dem Schlangenberg. Ihr Donnergott Tlaloc hielt die goldene Schlange des Blitzes in seiner Hand.
Mayas und Azteken glaubten an Gott Quetzalcoatl in der Gestalt einer gefiederten Schlange, halb farbenprächtiger Vogel Quetzal, halb Klapperschlange. Vermutlich war er ursprünglich ein begnadeter Herrscher der Tolteken. Verfolgt flüchtete er ans Meer und fuhr in einem Zauberboot aus Schlangenhaut gen Himmel, um fortan als gefiederte Schlange auf dunkelverhangenem Wolkengebälk schwebend Regen und Fruchtbarkeit zu schicken. Am meisten ersehnten die Azteken seine Rückkehr zur Erde. Das wurde ihnen zum Verhängnis: Der letzte Aztekenherrscher Montezuma vermeinte im spanischen Eroberer Cortes den zurückgekehrten Quetzalcoatl zu erkennen, befahl den Rückzug und besiegelte seinen und seines Volkes Untergang.
Der Mayas und der Azteken Kulturen sind versunken. Der gefiederte Schlangengott lebt in der Erinnerung der Indios und in Stein gehauen in Tempeln und an

Pyramiden weiter, unvergänglich von seiner einstigen Macht kündend, wie im Quetzalcoatl-Tempel von Teotihuancan, der „Stadt der Götter“, fünfzig Kilometer nordöstlich von Mexiko-City. Und noch heute läßt der geheimnisvolle Vogel Quetzal manchen Indio „mystisch“ erschaudern, huscht er durch das Dämmern des Regenwaldes.

Nicht minder von Geheimnissen und Sagen umwoben ist der Buschmeister *Lachesis mutus*, als „Surucutinga“ und „Macarucu“ die eindrucksvollste Schlangenpersönlichkeit Südamerikas. Vieles sagt man ihm nach, Feuer sei ihm zuwider, er lösche es aus und werfe die Glut auseinander.

Je weiter man in Amerika nach Norden in das Herrschaftsgebiet der Klapperschlangen kommt, um so mehr Ansehen genießen diese Schlangen. Vielfach sind es Totemtiere, also die eigenen Ahnen eines Stammes, denen göttergleiche Verehrung zuteil wird. Schlangenhäute und Natternhemden gehörten zur Grundausstattung eines jeden rechten Medizinmannes.

Die Sioux verdanken den Klapperschlangen ihren Namen. Sie verehrten sie so sehr, daß mißgünstige Nachbarstämme sie „Naddowessju“, Klapperschlangen, nannten. Schließlich beschränkte man sich auf die letzte Silbe, aus der die Schreibweise Sioux entstand.

Die Sioux wissen, warum die Klapperschlangen klappern: Am Anfang der Welt lebten zwei große Schlangen, die eine, Natawa, den Menschen gut gesinnt, und

Der gefiederte Schlangengott am Quetzalcoatl-Tempel in Teotihuacan, Mexiko (Nachbildung). Unten: Schlangenköpfe beidseits der Stufen.

die andere böswillig. Diese verführte die Gutmütige, den Sohn eines mächtigen Häuptlings zu Tode zu beißen. Daraufhin verfluchte Natawa die böswillige: Du hast Unglück gebracht! Nie mehr sollst du dich fortan einem Menschen ohne ein Zeichen der Warnung nähern können. Fortan hast du zu klappern! (Verkürzt aus „Journal of American Folklore", 1906). Daher klappern die Nachkommen der bösen Schlange mit ihren lose ineinander geschachtelten Hornkegeln des Schwanzes.

Darin verbirgt sich, wie so oft in Sagen und Märchen, ein Körnchen Wahrheit. Zum Anlocken von Geschlechtspartnern ist die Klapper untauglich. Schlangen hören praktisch keine Laute. Doch könnte das Klappern eine Warnung für die Bisons, Pferde, Nashörner und manch andere Ausgestorbene gewesen sein, deren Herden etwa zur selben Zeit im Tertiär über die nordamerikanischen Prärien donnerten, als sich die Klapperschlangen herausbildeten. Nur jene Schlangen wurden nicht zerstampft und lebten fort, die vor ihrem Gift warnen konnten. Doch warum klappern auch die Schlangenarten felsiger Gegenden, die keine Huftierherden sahen?

Viele indianische Schlangenmythen sind uns überliefert, in denen sich Frauen mit Klapperschlangen vermählen, zumeist wurden sie glücklich, eine Cheyenne-Indianerin jedoch wurde dafür gestraft. Bei den Apachen verkörpert jede Klapperschlange den Geist eines

(zumeist bösen) Verstorbenen, bei den Pueblo-Indianern den Geist eines eigenen Vorfahren.
Eindrucksvoll sind noch heute die riesigen aus Erde geschütteten „Schlangenmounds“ (Erdwälle), die sich, wie im Staate Ohio, 300 Meter lang schlangengleich durch das Gelände winden und spiralförmig zusammengerollt enden. Bereits vor 5 000 Jahren dienten sie Schlangenkulten.
In den Mayaruinen von Copan in Honduras sind Priester mit Klapperschlangen im Mund abgebildet. Rund 2000 Kilometer nördlich treffen wir bei den Hopi-Indianern Nordarizonas auf diese religiös-kultische Zeremonie. Schauplätze des Klapperschlangentanzes sind einzelne Dörfer auf der Hochebene östlich und zum Teil auch westlich des Little Colorado River im August bis Anfang September in der Wüstenlandschaft der roten Sandsteine, einer „painted desert“, wie sie verschiedentlich Wildwestfilmen als Kulisse gedient hat. Im Jahre 1604 n. Chr. hat der letzte Vulkanausbruch das einst blühende Land in Wüste verwandelt.
Das spiegelt sich in der Mythologie des Klapperschlangentanzes: Eine „Spider Woman“, eine Spinnfrau, führte den „Snake Youth“ Tiyo, also einen „Schlangenpfadfinder“, in die Unterwelt, den „Himmel“ der Hopi. Sie feite ihn mit einer Medizin gegen alle Gefahren der Unterwelt, denen Tiyo begegnete. Schließlich kam er in das unterirdische Reich der „Snake people“ am Little Colorado River, bestand auch hier alle Proben,

wurde in Schlangenhaut gekleidet und in alle Geheimnisse eingeweiht. Er bekam das schönste Mädchen zur Frau. Sie gebar ihm zwei Kinder: Klapperschlangen. Doch die Menschen auf der Erde erschlugen die Klapperschlangen. Das erzürnte den Schlangengott der Unterwelt, und er verwandelte mit Feuer und Donner das Land in trockene Wüste, wo es vorher grünte und blühte. Die Erde verdorrte, die Quellen versiegten. In ihrer großen Not riefen die Menschen Tiyo, der sie lehrte, den Schlangengott der Unterwelt zu versöhnen, damit er es wenigstens einmal im Jahr zwischen Mitte August und Anfang September regnen lasse.
Was Tiyo sie lehrte, hat sich durch die Jahrhunderte bis auf den heutigen Tag als „Chu'stiva" erhalten, und jedes Jahr schickt der Schlangengott Regen. Christliche Missionare haben sich redlich bemüht, die Hopi von ihrem lästerlichen Schlangenglauben zu bekehren. Vergeblich! Die Hopi ziehen eine mit Klapperschlangen bevölkerte Unterwelt dem christlichen Himmel vor. Mit einer ehernen Schlange auf einem Stabe, wie sie Moses errichtete, damit jeder Gebissene gesunde, war auch nicht gedient. Die Klapperschlangen beißen die Hopipriester nicht. Schlangenliebhabern und Religionswissenschaftlern blieb eine der faszinierendsten Kulthandlungen erhalten, die die Welt zu bieten hat. Völkerkundler fragen sich, ob und welche Beziehungen zu den asiatischen Schlangen- und Fruchtbarkeitskulten bestehen.

Neun Tage dauern die Kulthandlungen der Bruderschaften der Antilopen- und der Schlangenpriester. Sie unterscheiden sich in Bekleidung und Bemalung. Die Zickzacklinien der Antilopenpriester stellen die Strahlen des Blitzes dar. Erst am 8. Tag werden fremde Zuschauer zugelassen. Ihnen bleibt dennoch manches verborgen.

Der erste Tag sieht Männer nur mit einem Lendenschurz der aufgehenden Sonne entgegenjauchzen und nach Westen rennen, am 2. nach Süden, am 3. nach Osten und am 4. Tag nach Norden, um Klapperschlangen zu fangen.

Zumeist sind es Prärieklapperschlangen *Crotalus viridis*, doch auch einige der großen und gefährlichen Diamantklapperschlangen *Crotalus adamanteus* und der angriffslustigen Texasklapperschlangen *Crotalus atrox* fehlen nicht. Bis zum 7. Tag lassen die Schlangen in den unterirdischen Kivas (Kulträumen) unter den monotonen Gesängen der Priester heilige Waschungen über sich ergehen, während dessen Schlangenmädchen jungen Männern in nächtlichen Zeremonien vermählt werden. Inzwischen hat man auch an ehrwürdiger Stätte Altäre, Schreine und Gebetsstöcke errichtet, an denen die Priester am 8. Tag beten. Der Abend sieht den „Maistanz" mit Gesängen und Gebeten für eine gute Ernte.

Am 9. Tag werden die Schlangen nochmals in den Kivas gewaschen und nachmittags feierlich in eine

Schattenhütte auf dem Kultplatz getragen. In seiner Mitte klafft ein spaltiges Loch, „Sipapuni“, Zu- und Ausgang zur Unterwelt, mit einem Brett bedeckt. Dumpf dröhnt es unter den Tritten der Priester, damit der Gott der Unterwelt es höre und wisse, daß der Versöhnungstanz der Hopi beginnt.
Gegen Abend, wenn fern im Westen die Sonne rot hinter den erloschenen Vulkankratern versinkt, holen die Priester diese Schlangen aus der Hütte und tanzen mit ihnen. Welch ein schockierendes Erlebnis! Sendungsbewußte Priester halten Klapperschlangen im Mund, legen sie sich um den Hals, reichen sie sich einander zu, ihre Zähne halten die langen Schlangenleiber in der Mitte, Kopf und Schwanz baumeln herum. Immer schneller und ekstatischer wird der Tanz, bis die Augen der Priester so fanatisch und feindselig glänzen wie die der Klapperschlangen.
Spät in der Nacht verschluckt die Dunkelheit die Priester nach West, Süd, Ost und Nord, um die Schlangen in der Wüste als Sendboten zum Schlangengott der Unterwelt freizulassen. Sie müssen ihn schnell erreicht haben, denn am anderen Tag erlöste Regen die dürstende Wüste. Manchmal dauerte es auch etwas länger, aber Regen schickte der Gott immer, schließlich ist es in Nordarizona die natürliche Zeit zum Regnen.
Wollen oder können die Klapperschlangen nicht beißen? Niemand außer den Priestern darf die geweihten Schlangen berühren, und die meisten Zuschauer trach-

ten auch gar nicht danach. Und niemand darf den Priestern folgen, wenn sie die Schlangen freilassen. 1941 versteckte sich der Reptilienforscher Charles Bogart unter Lebensgefahr und ermittelte mit einem Nachtfernrohr eine Stelle, wo Schlangen ausgesetzt wurden. Er fing eine davon und trug sie in einem Säckchen versteckt unter seinem Hut hinweg: Die Giftzähne und selbst die Ersatzzähne waren ihr mit einem Messer höchst fachmännisch entfernt worden. In einem Berbergehöft unweit von Marrakesch sah ich eine Vorführung mit Kobras, die ihre Giftzähne hatten. Als Beweis töteten sie vorher ein Huhn. Trommeln und Tanz, das ganze Repertoire der Zunft wendeten die zwei Fakire auf, um die Kobras zu ermüden und visuell abzulenken, ehe es soweit war: Einer näherte sich einer Kobra von hinten, faßte sie, strich mehrmals über die geschmeidige Haut und drückte, kaum bemerkbar, auf eine bestimmte Stelle ihres Nackens. Die Schlange streckte sich, wurde steif, wurde in der Hand zum Stab, gerade und fest. Nach einiger Zeit löste er diese kataleptische Starre, eine Art tierischer Starrkrampf. Er warf den Stab weg, der lebendig wurde zur Schlange, die vorschnellte und sich wieder zur Drohstellung aufbäumte. So wurde nach 3000 Jahren von einem Fakir unter der gleißend-hellen Sonne Marokkos nachvollzogen, wovon die Bibel (Exodus 7,10) kündet: „Aaron warf seinen Stab vor den Pharao und seine Diener, und er ward zur Schlange."

Schlangenbeschwörung

Komme gerade von Tini! Sie lag in dem Schlupfkästchen. Ich trug es verschlossen samt Schlange in die Mitte des Mansardenzimmers und öffnete es. Die Sonne fiel hinein, und Tini kam in ihrer Ruhe gestört heraus. Sie sah die ungewohnte Umgebung und wollte flüchten. Damit hatte ich gerechnet und bewegte eine meiner Tochter zweckentfremdete Blockflöte vor ihr hin und her. Erregt bäumte sie ihren Oberkörper vor dem Störenfried auf, um aus hoher Warte besser zu sehen und die vermeintliche Gefahr beherrschen zu können. In das Holz der Flöte biß sie nicht, sie hatte es schon vor Tagen oftmals getan und wußte, wie sehr es schmerzt. Ich hockte mich vor die Schlange hin und entlockte der Flöte Töne und wiegte meinen Oberkörper nach ihnen. Tini folgte den Bewegungen von Flöte und Körper, als wolle sie zu den Tönen tanzen. Doch sie kann gar nicht hören. Das Holzstück Flöte und der sich bewegende Mensch fesseln ihre volle Aufmerksamkeit. Deren Bewegungen folgt sie, um besser zu sehen und zubeißen zu können, sofern sich eine Gelegenheit dazu bietet, wenn die Bißdistanz unterschritten wird. Diese entspricht dem Radius der voll zu einem Drittel aufgerichteten Schlange am Boden.

Bleibt man wie ich außer Bißdistanz und beansprucht die volle Aufmerksamkeit des reinen „Augentieres“ Kobra, ist nichts zu befürchten. Es ist das tägliche Brot der Schlangenbeschwörer, der Gaukler und Fakire in Ost und West, von Indien und Sri Lanka (Ceylon) über Ägypten bis nach Marokko am Atlantik. Sie lassen ihren Mut im Umgang mit den gefährlichen Kobras bewundern und leben vom Sichgrausen furchtsamer Menschen, zumeist Touristen.
Solche Gaukler gingen schon im Altertum ihrem Gewerbe nach. In Assuan zeigt eine prähistorische Wandzeichnung einen Schlangenbeschwörer vor einer aufgerichteten Kobra. Im alten Kairo war eine Straße nach diesen Fakiren benannt. Schriftsteller der Antike, wie Nicander, berichten auch von der Kobrafurcht: „Seht sie Euch an, die blutige Aspis, schauerlich geschuppt! Sie ringelt sich zum Kreise und hebt aus der Mitte ihr furchtbares Haupt empor. Geschwollenen Nackens zischt sie wütend, und jedem, der ihr begegnet, droht der Tod.“ Um so mehr wurde der Mut der Fakire geachtet.
Als ein antiker Gaukler besonderer Art gilt nach dem Bericht des Schriftstellers Lukianos (um 150 n. Chr.) der Grieche Alexandros. Er kaufte sich im Schlangenpark von Pella in Makedonien eine Äskulapnatter *Elaphe longissima,* gab sie als Wiedergeburt des Gottes Asclepios aus, bekam reichen Zulauf und heilte viele Kranke, wenn und weil sie an den Schlangenzauber

glaubten. Derart zog er reicheren Gewinn aus einer zudem noch ungiftigen Schlange als ein Gaukler unserer Tage.

Die meisten beschränken sich heutzutage nicht mehr darauf, eine Kobra so vorzuführen wie ich Tini, sie überbieten sich in vielerlei Kunststücken. Manche halten eine Hand schräg über den Kopf der Kobra. Nach oben kann sie, zu voller Drohstellung aufgerichtet, nicht beißen, sie würde umfallen. Optisch derart in Anspruch genommen und gegen Berührungen des Körpers unempfindlich, merkt sie gar nicht, wie sich die andere Hand des Gauklers ihrem schwanenförmig gebogenen Hals nähert, ihn berührt, ihn umfaßt und sie in die Luft hebt. Oder andere greifen der abgelenkten Kobra in der Mitte unter den Leib, heben sie waagerecht hoch, und balancieren sie aus, ehe sie die Schlange in die Dunkelheit des Körbchens entlassen. In der Luft, vom Boden als Unterlage gelöst, fühlt sich die Kobra verunsichert und ihrer günstigen Ausgangsstellung zu einem Biß beraubt. Sie beißt nicht zu, sondern ist nur um Schutz bemüht.

Kühnere Fakire bieten einen anderen Höhepunkt. Sie küssen die Kobra auf die Stirn wie eine Tänzerin ihre steil aufgerichtete Königskobra *Ophiophagus hannah* beim „Todeskuß“. Nähern sie sich wie die Tänzerinnen mit dem Gesicht von schräg oben, kann die Kobra nicht beißen, da sie nicht nach oben schnellen kann. Gefährlicher ist eine waagerechte Annäherung, die ganz plötzlich erfolgen muß. Ist die Bißdistanz unterschritten und der Kobra kein optimaler Biß mehr möglich, ist sie gehemmt zu beißen. Doch das glückt nicht immer mit absoluter Sicherheit.

Schlangenbeschwörer sind wahre Meister in angewandter Schlangenspychologie. Sie beobachten genau, ob die Kobra völlig aufgebäumt keine Reserve mehr zum Vorschnellen hat, wie sehr sie optisch in Anspruch genommen und wie erregt sie ist, überhaupt welche Gemütsverfassung sie gerade hat, was sich am Züngeln, der Schnelligkeit der Bewegungen, Muskelzuckungen am Körper und einem leichten Vibrieren des Schwanzes beurteilen läßt. Zusammengeringelt bekundet eine Kobra Wohlempfinden, mit gespreizter Haube aufgerichtet beweist sie Mut zur Abwehr oder zum Angriff, besonders wütend kriecht sie ein Stück am Boden, ehe sie sich aufrichtet, flacht sie ihren Nacken und bleibt am Boden, hat sie Angst.

Die Schlangenbeschwörer nutzen auch das Vermögen der Kobras, zu lernen. So wie Tini nach mehreren schmerzhaften Erlebnissen nicht mehr in die Flöte beißt, läßt man die Kobra solange in eine harte Nachbildung eines Menschengesichtes beißen, bis es sich ihr eingeprägt hat, wie schmerzhaft und nutzlos das ist. Sie ist dann gehemmt, in ein lebendes Gesicht zu schlagen. Besitzen die Vorführkobras noch ihre Giftzähne, werden sie ihnen laufend ausgebrochen, oder wachsen Ersatzzähne ständig nach? Die Meinungen hierüber gehen weit auseinander. Die Meister ihres Faches setzen ihre Berufsehre darein, mit intakten Schlangen zu arbeiten. Davon habe ich mich selbst überzeugt, und manch ein Todesfall erweist es, wie der von Ägyptens berühmtestem Fakir Moussa El Haroui am 27. April 1937 vor dem Tempel in Karnak mitten beim Vorführen seiner Kobras.

Ein gewisses Westostgefälle in der Behandlung von Vorführkobras ist religiös motiviert. Lediglich den Hindus Indiens, nicht jedoch den Mohammedanern Pakistans und Nordafrikas gilt die Kobra als ein heiliges Tier. Mohammed sah in Schlangen „Dschinnen", Geister, zumeist böse oder verwandelte Bösewichte. Nur Hausschlangen galten ihm als gute „Dschinnen", und sie zu quälen oder gar zu töten, war verboten. Ein Mann übertrat dieses Verbot und kam dabei ums Leben. Mohammed folgerte, es müsse ein „Dschinn" in der Kobra gewesen sein, der den Islam angenommen habe.

In Tansania beschäftigten sich mehrere Geheimbünde mit der Schlangenbeschwörung. H. EGLI vermutet, daß sie auf Ahnenkulte zurückgehen.

Die Hindufakire unterliegen strengen religiösen Innungsregeln. In der Schlangenbeschwörer-Akademie von Morbund schulen Meister den Nachwuchs auch im religiösen Umgang mit den Kobras. Erst nach bestandener Prüfung werden die angehenden Fakire auf die Kobras und ein schaulustiges Publikum losgelassen.

Die großen Meister ihres Faches messen ihre Kräfte in Schauvorführungen. So vor 15 000 Zuschauern im überfüllten Stadion von Haiderabad vier Tage lang. Der legendäre Eremit Photo Kahn blieb Obermeister. Er gewann den von einem Schlangenforschungsinstitut ausgesetzten Preis von 50 000 Rupien (etwas über 10 000 DM). Sein Hauptgegner war der 100jährige Nawab von Tajpur, bekannt durch sein Hospital, das an Blutkrebs Erkrankte mit Schlangengift heilt. Er gab sich geschlagen, als es ihm nicht gelang zu beweisen, daß seine Kobra giftig ist. Die von ihr gebissenen Kaninchen blieben am Leben. Photo Kahn hatte sie entsprechend beschworen. Erst als er seinen Bann löste, verendete das nächste gebissene Kaninchen am Gift.

Die Fakire füttern ihre Kobras nicht, weil sie aus Erfahrung wissen, daß die gestreßten Tiere nicht fressen. Bevor ein gläubiger Hindu einer Kobra die Freiheit wiedergibt, wozu er verpflichtet ist, reinigt er symbolisch den Erdboden und setzt ihr Schälchen voll Milch, Reis und Fleisch vor, die sie natürlich nicht anrührt.

Wie es einem Fakir ergeht, der seine Kobra quält, berichtet eine alte Fabel. Ein junger Gaukler ließ seine Kobra von früh bis spät tanzen, bis sie zusammenbrach. Sterbend sprach sie zu ihrem Peiniger: Gott Shiva wird mich an dir rächen, du wirst nach fremder Pfeife tanzen müssen und weder Tag noch Nacht Ruhe finden. Der

Gaukler lachte unbekümmert über diese Prophezeiung, doch nur solange, bis er sich eine Frau nahm.
Was müßte den profitgierigen Gauklern widerfahren, die Schaukämpfe zwischen Mungo und Kobra veranstalten, dazu die spitzmäulige Schleichkatze an einem Fuß fesseln und die Kobra auf den Mungo hetzen? In der Natur gehen sich beide tunlichst aus dem Weg. Dem Inder versinnbildlicht der Kampf des Mungos mit der Schlange des Menschen Ringen mit dem Tod. Wie der Mungo behend die Kobra umtanzt, blitzschnell vorspringt, nur für einen Atemzug, zurückschnellt, in die Luft federt, dem Stoß der Kobra flink ausweicht und selbst wieder angreift, so belauert der Tod den Menschen und wartet auf eine Gelegenheit.
Die hat der Mungo nicht so leicht. Über dem Teller der Körperwindungen wacht stolz erhoben der Kobrakopf wie ein zürnend-strafender Gott, stößt schnell, doch immer noch zu langsam nach dem struppigen Angreifer, stets bemüht, Hals und Nacken zu decken. Gelingt es dem Mungo, sich am Hals oder dem Nacken festzubeißen, durchtrennt er mit einem Biß das Rückgrat der Kobra. In J.R. Kiplings Dschungelbüchern gehören alle Sympathien dem Mungo Rikki-Tikki-Tavi, dem tapferen und schnellen, der jeden Kampf gewinnt. Bei den Schaukämpfen geht es nicht immer so aus. Manchmal stirbt der Mungo, denn er ist keineswegs völlig immun gegen das Kobragift. Und auf ihr Gift kann sich die Kobra verlassen.

Den Anblick einer schönen Schlangentänzerin möchten weder Tingeltangelbuden, Varietés und Nachtclubs noch ein seriöser Zirkus ihrem Publikum vorenthalten. Ein Auftritt sieht so schön gruselig aus und kitzelt die Nerven, ist aber für die Vorführdame kaum gefährlich. Früher unterkühlten sie und auch ihre männlichen Kollegen die Riesenschlangen, die dann apathisch sich alles gefallen ließen. Mit den enorm gestiegenen Preisen geht es den Artisten unter den Schlangen zunehmend besser: Sie werden betreut, warm gehalten, gut gefüttert und gebadet, und oft bahnt sich so etwas wie ein Freundschaftsverhältnis zwischen Mensch und Schlange an.

Zum Vorführen begehrt sind der helle Tigerpython *Python molurus* Vorder- und Hinterindiens und die Königsboa oder Abgottschlange *Boa constrictor* Süd- und Mittelamerikas, deren gutmütiger Charakter der Jugendzeit beim Älterwerden in Bissigkeit umschlagen kann. Doch alle großen Riesenschlangen sind Individualisten und wollen entsprechend behandelt werden, wenn sie nur berechenbar bleiben.

Weniger beliebt sind der Netzpython *Python reticulatus* Südostasiens, die südamerikanische besonders massige Anakonda *Eunectes murinus*, vielfach mit Ausnahme der kleineren Gelben Anakonda *Eunectes notaeus*, und der schnelle Felsenpython *Python sebae* Afrikas. Sie alle können selbst dann bösartig werden, wenn sie jung in Menschenhand gelangten oder gar im Terrarium zur

Welt kamen. Mit zunehmendem Alter hören sie oft auf, den Menschen zu respektieren.
Bewegungsabläufe sind Riesenschlangen trotz aller Dressur nicht beizubringen. Daher muß sich die Tänzerin nach den Bewegungen der Schlange richten, also stets improvisieren und dabei den Eindruck erwecken, als bestimme sie den Tanz. Und das alles muß stets lächelnd trotz des Schlangengewichtes von zwanzig bis sechzig Kilogramm so grazil vorgetragen sein, wie es das Publikum von einer Tänzerin erwartet. Der Schlangentanz ist eine hohe Kunst, die an die der Priesterinnen der altindischen Göttin Manasa (Nagini) denken läßt.
Etwas des göttlichen Schutzes bedürfen auch die modernen Tänzerinnen trotz aller Schlangenpsychologie, in der sie Meisterinnen sind. Der Schlangenkörper erweist sich als ein reines Muskelpaket mit Riesenkräften, die denen von Löwe, Tiger und Leopard keineswegs nachstehen. Ganz im Gegenteil: Im Magen eines sechs Meter langen Felsenpython fand man einen ausgewachsenen Leoparden. Um eine Riesenschlange zu bewältigen, rechnet man auf je zweieinhalb Meter Schlangenkörper einen starken Mann. Das gewaltige Gebiß, bestückt mit an die Hundert dolchartiger Zähne, schlägt beachtliche Wunden. Und noch fataler ist es, wenn bei diesen Würgeschlangen mit dem Biß auch die Reaktion des Umschlingens und Würgens ausgelöst wird. Es droht Gefahr, wenn eine Riesenschlange er-

Der Netzpython *Python reticulatus.*

Die Gelbe Anakonda *Eunectes notaeus.*

schrickt oder etwas Ungewohntes sie überrascht. Dennoch hört man selten von Unfällen: Ich sah bei einer Zirkusvorstellung, wie ein Felsenpython auf den Begleiter der Tänzerin einbiß. Bei Hagenbeck brach ein Netzpython einem Wärter mehrere Rippen, und auch Tänzerinnen blieben davon nicht verschont. In Belgrad im Jahre 1939 erwürgte ein erschrockener Python mitten in der Vorstellung den indischen Schlangentänzer, ehe Hilfe möglich war.

Die Schlange steht auf dem Speisezettel des Menschen, dieser jedoch nicht auf dem der Schlange. Kulinarische Gelüste auf Schlangenfleisch mögen den Europäer bei seiner landläufig negativen Einstellung zu Schlangen ebenso befremden wie den Schlangenliebhaber, doch beide können sie nichts ändern.

Die Indios südamerikanischer Urwälder mögen vielfach auf das Fleisch der Anakonda und der Königsboa angewiesen sein wie die Ureinwohner Australiens und Neuguineas auf das von Giftschlangen. Von jeher gehört zur Krönung einer zünftigen Papuahochzeit trotz aller Schutzbestimmungen ein gerösteter, farbprächtig grüner Condropython *Condropython viridis*, so bedauerlich dies für das seltene Tier und die Schlangenliebhaber auch ist.

Weniger zu bedauern ist der Gaumenkitzel der Nordamerikaner auf Klapperschlangenfleisch, das – wie könnte es anders sein – in Konserven geliefert wird. Der Schrei der letzten Jahre war „Klapperschlangen-

fleisch mit Ingwer in Butter gebraten“, kreiert von einem bei der Polizei tätigen Hobbykoch.
In Südostasien, gar in China oder Japan, wird manchem Schlangenfleisch gut gemundet haben, das er aß, ohne es zu wissen. Mir jedenfalls ging es in Hongkong und im japanischen Osaka mit Gerichten unaussprechlichen Namens so. Dort wurden auf Bambusstäbchen aufgespießte Happen „Aal“ mit Reis und Sojasoße gereicht. Es war das Fleisch einer fünf Fuß langen Seeschlange *Laticauda semifasciata*. Sie wird tonnenweise in den warmen Gewässern der Philippinen gefangen, vornehmlich wenn die Weibchen zur Eiablage an die Korallenbänke kommen, und lebend nach Japan gebracht. Es sind recht beißfaule Schlangen, doch immer wieder sind Todesfälle unter den Filipinos zu beklagen. Das Gift wirkt stärker als das einer Kobra, schließlich darf die Beute nicht im Meer entkommen.
Die Chinesen schätzen das Fleisch des allerdings selten gewordenen Tigerpython und das Kobrafleisch. Die Zubereitung bleibt Kundigen vorbehalten, die Kopf, Blut und Geschlechtsstoffe als giftig entfernen. Allein in Hongkong sollen jährlich eine Viertelmillion Kobras in Küchen landen.
Oft hat die Kobra in der Nacht zuvor noch einem anderen Zweck gedient. In einem Sack wurde sie solange hin- und hergewendet, bis die gesuchte Bauchstelle gefunden und das lebende Tier aufgeschlitzt und ihm die Galle entnommen ist. Auf drei bis vier Gläser

heißen Reiswein (Saki) aufgeteilt, stärkt sie für viel Geld die Potenz sehr junger oder sehr alter Personen männlichen Geschlechts. Daher ist die Kobra ein begehrtes Handelsgut des Fernen Ostens und wird als „Frischfleisch“ in den zahlreichen „Snake Shops“ Hongkongs und auf Taiwan angeboten.
Das englische Wort „snake“ für Schlange schlechthin ist der mittelniederdeutschen Sprache entlehnt, die damit die Ringelnatter nach dem Niederdeutschen „snake“ für etwas Geringeltes, Zusammengerolltes bezeichnete. Daraus entstand das Wort Schnecke. Der Wissenschaftler nennt die Unterordnung der Schlangen „Serpentes“ nach dem lateinischen „serpens“ = Schlange, das sich aus „serpere“ = kriechen ableitet. In den Schlangenfarmen leben die Schlangen in den „Serpentarien“. Uns ist „Serpentin“ als ein Gestein mit schlangenartiger Maserung bekannt. „Serpentinen“ winden sich schlangengleich an Berghängen. Und da wir schon dabei sind: Der wissenschaftliche Reptilienkundler nennt sich „Herpetologe“ nach dem griechischen Wort „herpetos“ für Schlange.

Schlangenfauna und ihre Erforschung

Komme gerade von Tini! Nun ist sie mit mir, dem Pfleger, so vertraut, daß sie sich nicht mehr zur Drohstellung aufrichtet, mein Anblick erregt sie nicht mehr. Wozu auch! Kennt sie mich persönlich oder nur als „Mensch", der ihr nichts Böses will? Um das herauszufinden, hatte ich einen meiner Schlangenfreunde gebeten, mit Tini genau so umzugehen wie ich es mit ihr zu tun pflege. Das Ergebnis: Sie verhielt sich ihm gegenüber nicht anders als zu mir. Für sie ist Mensch gleich Mensch.

Wer meint, mit seinen Schlangen in einem höchst persönlichen Verhältnis zu stehen, wird dem widersprechen. Meine zahmen Strumpfbandnattern *Tamnophis sirtalis* und *sauritus* nehmen ihr Fischfleisch willig aus der Hand meiner Frau, und die Kornnattern *Elaphe guttata* und die Schwarze Erdnatter *Elaphe obsoleta* halten es mit einer toten Maus nicht anders.

Wird auch eine Giftschlange zahm? Auch sie kann sich an den Menschen gewöhnen, wie Tini es beweist. Auch sie legt oftmals ihre Wildheit ab und paßt sich den veränderten Verhältnissen an, doch nur bis zu einem von Art zu Art und auch von Individuum zu Individuum verschiedenen Grad. Die Grundstrukturen angeborener Verhaltensweisen, wie die Verteidigung durch

einen Biß, hält sie sich für bedroht, lassen sich nicht restlos überspielen. Aus einer Giftschlange wird auch bei noch soviel Liebe und Mühe keine ungefährliche Hausgenossin, die den Menschen stets respektiert.
Dafür gibt es der Beispiele genug. L. TRUTNAU berichtet von einer „gezähmten“ Gelbkobra *Naja nivea*, die einer Tänzerin in einem Kabarett in Miami, Florida, als Vorführschlange diente. Trotz langer „Zusammenarbeit“ biß sie eines Abends die Tänzerin, die nach einer halben Stunde tot war. Auch die schon zu Lebzeiten legendäre Amerikanerin Grace Olive Wiley, die ihre „zahmen“ Giftschlangen in die ungeschützte Hand nahm und mit ihnen spielte wie andere mit Katzen oder Wellensittichen, wurde 1948 von einer Kobra gebissen. Mrs. Wiley starb wenige Stunden danach.

Mit Schlangen umzugehen, sie zu vermehren und die Jungen großzuziehen, erfordert Kenntnisse, die Liebhaber und Wissenschaftler durch die Generationen erworben und weitergegeben haben. Einer steht auf den Schultern des anderen und hat eine große Dankesschuld abzutragen, so auch ich. Daher nachstehend noch einiges über die Erforschung der Schlangen.

Das Werden junger Schlangen von der Begattung bis zur Geburt mitzuerleben, bedeutet ein Besinnen auf ungezählte Jahrmillionen zurück. Nach Ernst Haeckel ist die Ontogenese (Entwicklung von der Eizelle zum Tier) eine abgekürzte Polygenese (stammesgeschichtliche Entwicklung). Wir erleben das jedes Frühjahr, wenn aus der Froschlarve, der Kaulquappe, die im Wasser lebt und mit Kiemen atmet, ein landbewohnender Frosch mit Lungen wird. Das Leben entstand im Wasser.

Als Urahnen allen Lebens sieht man allgemein Geißelwesen des Meeres an, mikroskopisch kleine Einzeller. Mit ihnen begann der uralt-lange Weg der Evolution, das Riesenpanorama allen Lebens. Auslese und Anpassung heißt die Uhr, die durch die Jahrmillionen der Erdzeitalter tickte.

Einige Fische mit Lungen verließen die warmen Meere des Devons (vor 400 bis 350 Millionen Jahren) und gebrauchten ihre muskulösen Flossen als Beine. Aus ihnen, einem Zweig der Quastenflosser, entstand der Urlurch (Ichtyostegidae). Mit und in seinen Fußstapfen begann unaufhaltsam und grandios der Vormarsch des Lebens auf dem Land. Gegen Ende der Karbonzeit und zu Beginn des Perms (vor 270 bis 225 Jahrmillionen) türmten sich neue Gebirge, verschwanden Gewässer und trockneten die riesigen Sümpfe aus. Ein Teil der Lurche kehrte endgültig ins Wasser zurück, um dort ihre nur mit einer gallertartigen Hülle umkleideten Eier zu legen, die auf dem Land ausgetrocknet wären. Ihre Nachkommen sind die Schwanz- und Froschlurche unserer Zeit.

Einer anderen Gruppe von Lurchen gelang es, beschalte Eier an Land zu legen und dem Wasser vollends zu entsteigen. Es ist die Geburtsstunde der Stammreptilien (Cotylosauria), wie sie u. a. der ausgestorbene *Limnoscelis* verkörpert. Sie trotzten allen Widrigkeiten des Permzeitalters und spalteten sich in starke Stämme, von denen einer in die lichten Höhen der Säugetiere bis hin zum Menschen führte, während die Lebensuhr der riesigen Saurier eines anderen Stammes mit Beginn des Tertiärs (vor etwa 70 Millionen Jahren) ablief. Andere Linien der Stammreptilien führten zu den Schildkröten (Testudines), den Krokodilen (Crocodylia) und den Schnabelköpfen (Rhynchocephalia), von denen sich nur die Brückenechse, die „Tuatara" *Sphenodon punctatus* auf einigen kleinen Inseln vor Neuseeland in unsere Zeit retten konnte.

Weit größere Bedeutung erlangte der Stamm der Eigentlichen Schuppenkriechtiere (Squamata) mit den Echsen (Sauria) und den Schlangen (Serpentes). Das Ende der Jurazeit (vor 180 bis 135 Jahrmillionen) sah vermutlich schon die Ahnen der Schlangen: waranartige Echsen (Varanoidea oder Platynota). Dies belegen weniger die recht seltenen Schlangenfossilien, die die untere Kreide (vor 135 bis 110 Millionen Jahren) für uns konservierte, sondern mehr anatomische Gemeinsamkeiten.

War der Schlangenkopfsaurier *Dolichosaurus dalmaticus* aus der mittleren Kreide Dalmatiens (vor rund 100 Jahrmillionen) eine Übergangsform? Er konnte sich mit seinem schlangenförmigen Körper und den zurückgebildeten Beinen wie eine Schlange schlängeln. Oder ist eine solche unter den Aigialosauriern zu suchen? Oder sind die Schlangenvorfahren unter den bodenwühlenden und daher nahezu blinden „Urschlangen" zu finden, wie G. L. WALLS aus vergleichenden Untersuchungen des Echsen- und des Schlangenauges folgert? Eine solche Wiege der Schlangen würde erklären, warum bei ihnen das Jakobsonsche Organ zum Riechen und Schmecken so hoch entwickelt ist. Und könnte es nicht zutreffen, daß die wasserbewohnenden Aigialosaurier sich das Land unterirdisch wühlend eroberten? Dann schlössen sich beide Theorien im großen und ganzen nicht aus.

Urtümliche Riesenschlangen finden sich bereits in der oberen Kreide (vor rund 75 Jahrmillionen) ebenso wie die Rollschlangen (Aniliidae). Im Alttertiär (ab rund 70 Jahrmillionen) waren die Altschlangen (Palaeophidae) und die Altriesenschlangen (Archaeophidae) weit verbreitet.

Die höher entwickelten Natternartigen Schlangen sind aus den Riesenschlangenartigen hervorgegangen und treten erstmalig an der Wende von der Kreidezeit zum Tertiär (vor rund 70 Millionen Jahren) auf und die hochspezialisierten Vipern, Ottern und Grubenottern erst zu Beginn des Jungtertiärs. Sie waren im Laufe der Evolution so erfolgreich, ihre Beute nicht mehr durch die Kraftanstrengung des Erwürgens, sondern „vornehm" durch Gift zu töten.

Aus der Stammesgeschichte der Schlangen läßt sich leicht erklären, warum einige Inseln wie Irland, die Kanaren, Madeira, die Kapverden, die Azoren, Neuseeland und einige des Pazifiks frei von Schlangen sind. Sie wurden bereits zu einer Zeit von den Festlandsblökken gelöst, als sich die Schlangen noch nicht aus den Echsen entwickelt hatten. Ob auf kleineren Inseln einmal Schlangen vorkamen, könnten nur fossile Funde belegen, so man noch welche findet. Auch das Fehlen von Giftschlangen bei sonst reicher Schlangenfauna, wie auf Madagaskar, den Galapagosinseln, Hawaii, Polynesien, den Neuen Hebriden und mit einigen Ausnahmen den Großen und den Kleinen Antillen hat stammesgeschichtlich-geographische Gründe, denn die Giftschlangen sind eine späte Höchstentwicklung, die zudem nicht überall und besonders nicht in isolierten Gebieten parallel verlaufen sein muß.
An die 2 700 Schlangenarten sind derzeit bekannt und nach stammesgeschichtlichen Gesichtspunkten und Verwandtschaftsgraden in der Unterordnung Schlangen (Serpentes) in ein zoologisches System eingeordnet. Es kennt in der Zwischenordnung Blindschlangenartige (Scolecophidia), die Familien Blindschlangen (Typhlopidae) und Schlankblindschlangen (Leptotyphlopidae). In der Zwischenordnung Wühl- und Riesenschlangenartige (Henophidia) sind die Familien Rollschlangen (Aniliidae), Schildschwänze (Uropeltidae), Erdschlangen (Xenopeltidae), Warzenschlangen

(Acrochordidae) und Riesenschlangen (Boidae) vereint. Die Zwischenordnung Nattern- und Vipernartige (Xenophidia) umfaßt die Familien Nattern (Colubridae) mit elf Unterfamilien, Giftnattern (Elapidae), Seeschlangen (Hydrophiidae), Vipern (Viperidae) und Grubenottern (Crotalidae).

Bis zu diesem System war es ein weiter Weg. Der Antike verdanken wir manche Einzelbeobachtung und Schlußfolgerung, manch Richtiges und noch mehr Falsches. Das Mittelalter konnte sich erst recht nicht aus seiner der Schlange so abträglichen religiös-mystischen Vorstellungswelt lösen.

Gegen Ende des Mittelalters beschrieb der Schweizer Naturforscher Conrad Gesner (1516–1565) im Schlangenbuch seiner „Historia animalium“ die „fußlosen Tiere von Schlangengestalt“. Er mag als Begrunder der wissenschaftlichen Zoologie gelten, obwohl sein Kapitel „De dracone“ noch drei Arten von Drachentieren aus dem Bestiarium des Mittelalters enthält. Der vollständige Durchbruch zu naturwissenschaftlichem Denken gelang dem Schweden Carl von Linné (1707–1778). Sein „Systema naturae“ weist bereits an die 120 Schlangenarten in 6 Gattungen aus und trennt die Schlangen „Serpentes“ von den „Reptiles“.

Zu Beginn der Aufklärung kam man immer mehr davon ab, alte Folianten über die Natur zu befragen, sondern beobachtete sie unmittelbar. Es entstanden Sammlungen lebender Schlangen und noch umfangreichere mit in Spiritus konservierten Tieren. Sie wurden neben Schlangenhäuten zu einem unentbehrlichen Rüstzeug der Herpetologen.

Eine erste umfassende Darstellung der europäischen Schlangen enthält 1874 E. Schreibers „Herpetologica europaea“. Besonders die Liebhaber erfreute P. Krefft 1907 mit dem Handbuch „Das Terrarium“. Weit begehrter wurde die „Terrarienkunde“ des Augenarztes und Liebhabers W. KLINGENHÖFFER des Jahres 1931, die von 1955 bis 1959 von CH. SCHERPNER in vier Teilen neu herausgegeben noch heutzutage als Standardwerk gilt.

Je weiter unser Jahrhundert voranschritt, um so mehr traten Amerikaner hervor. Erinnert sei an R. L. DITMARS (1876–1942), den Kurator für Reptilien und Säugetiere des New Yorker Zoologischen Gartens in der Bronx, und an sein Buch „Snakes of the World“. Viele Forscher, Wissenschaftler und Liebhaber, die unser Wissen über die Schlangen bereicherten, wären zu erwähnen – einen Teil von ihnen weist das Literaturverzeichnis aus –, doch zweier sei in besonderer Dankbarkeit gedacht.

Einmal des Amerikaners KARL PATTERSON SCHMIDT (1890–1957), Kurator der Reptiliensammlung des Field-Museums in Chicago, der zusammen mit R. F. INGER „Living Reptiles of the World“ verfaßte, das H. WERMUTH so vorbildlich ins Deutsche übertrug. Schmidt starb tragisch am Biß einer Boomslang

Der prachtvolle Grüne Baumpython *Chondropython viridis*.

Eine zutrauliche Strumpfbandnatter *Thamnophis*.

Dispholidus typus, einer Trugnatter, an deren Gefährlichkeit bis dahin niemand so recht glauben wollte und gegen deren Gift es daher damals auch kein Serum gab. Nicht minder tragisch und zu bedauern war acht Jahre später der Tod eines der hervorragendsten Herpetologen Deutschlands, Professor ROBERT MERTENS. Ihn biß seine „zahme" Graue Baumnatter *Thelotornis kirtlandii* in einen Finger, ebenfalls eine Trugnatter, gegen deren Biß kein Serum hergestellt wird. Nach drei Wochen Bangens zwischen Leben und Tod versagten die Nieren. Es sind von denen, die sich mit Schlangen befaßten und durchaus nicht die einzigen, die keines natürlichen Todes starben.

In unserer Zeit sind Herpetologen beim Durchfeilen des zoologischen Systems nicht mehr allein auf paläontologische, tiergeographische und anatomische Erkenntnisse über Skelett, Beschuppung, Schädel, Bezahnung und dergleichen angewiesen. Herpetologische Arbeit ist längst nicht mehr mit dem „Zählen der Schuppen" des Kopfes und anderer Körperteile gleichzusetzen, wie es sich mancher noch vorstellt. Längst kamen verfeinerte Methoden hinzu wie die serologische (Serologie = Lehre vom Blutserum) Erforschung von Verwandtschaften.

Die Eiweiße der einzelnen Schlangenarten weisen eine spezifische Zusammensetzung auf. Unter dem Einfluß von elektrischem Strom wandern die Serum-Eiweiße in der Elektrophoresekammer unterschiedlich schnell und weit und ergeben artcharakteristische streifige Felder von Eiweißfraktionen. Mit dieser elektrophoretischen Aufspaltung der Blutsera verschiedener Schlangen ließ sich manch alte Erkenntnis bestätigen und manch neue hinzugewinnen.

Auch Vergleiche der Chromosomen verschiedener Schlangen haben sich als aufschlußreich erwiesen. Denn diese Träger der Gene, der lokalisierten Erbinformationen, stimmen in den einzelnen Familien an Zahl und Gestalt weitgehend überein.

Der Bau des männlichen paarigen Hemipenis mit den artspezifisch ausgeprägten verhornten Epithelanhängen, von Falten, Vorwölbungen, Warzen, Stacheln und Dornen ermöglicht oft Aussagen über Verwandtschaften. Dazu ist erforderlich, in den Hemipenis einer frischtoten Schlange eine Konservierungsflüssigkeit zu injizieren, da sich an einem derart erigierten Hemipenis die Feinheiten am besten studieren lassen.

Das alles allein genügt noch nicht. Auch die Informationen, die Schlangen in der freien Natur dem Beobachter und im Terrarium dem Liebhaber geben, sind ebenso wichtig wie die Erforschung der ökologischen Bedingungen. Nur die Zusammenschau aller Erkenntnisse vermittelt ein zutreffendes Bild von der faszinierendsten Tiergruppe, die wir kennen, den Schlangen.

Liebe unter Schlangen

Komme gerade von Tini! Das lang ersehnte Ereignis ist eingetreten: 14 längliche, weißliche Eier liegen etwas versteckt im Sand-Torfmull des Bodengrundes, nahe beim Wasserbecken. Bis zu reichlich drei Monaten ist eine Brillenkobra trächtig, und Tini war es schon vor ihrer Gefangennahme. Als sich die Terrarientür öffnete, erhob sich Tini sogleich zur Angriffsstellung und zischte leise. Das können Schlangen vermöge Lunge und Luftsack, indem sie kräftig Luft einsaugen oder ausstoßen.

Gewiß hat Tini die Eier an der geeignetsten Stelle untergebracht, doch ist die Auswahl im Terrarium im Gegensatz zur freien Natur beschränkt. Mein hochtechnisierter Brutapparat mit Thermostat und Hygrostat war anderweitig belegt. Daher nahm ich eine Blumenschale aus porösem Ton, füllte sie zu Zweidrittel mit feuchtem (nicht nassen!) Sand-Torfmull und gab die Eier, als Tini im Schlupfkästchen war, in der Lage darauf, wie sie sie gelegt hatte. Verändert sich die Lage der Keimscheibe zum Dotter, können die Embryos geschädigt werden oder absterben. Ein über die Tonschale gespannter Damenstrumpf verhindert ein Austrocknen und sorgt für gleichmäßige Feuchtigkeit, wenn man bei Bedarf Wasser hindurchträufelt. Die Eier dürfen sich auch dann nicht berühren, wenn sie sich durch Wasseraufnahme vergrößern. Und keinesfalls dürfen sich Schimmel oder Fäulnis bilden. Je weiter der Ausverkauf der Natur auch in den entlegensten Gegenden unserer Erde voranschreitet, um so wichtiger wird die Zucht der Schlangen im Terrarium.

Schlangen lieben sich nicht so stürmisch wie manch andere Geschöpfe, dafür oft mehrmals hintereinander. Oft bleiben sie stunden-, ja tagelang beisammen und legen kurze Verschnaufpausen ein. Schlangen halten nicht viel von einer monogamen Ehe. Ausgerechnet Kreuzottern machen hierin eine Ausnahme, wie in einem Freilandterrarium beobachtet wurde. Über viele Jahre hinweg vermählen sich immer dieselben Paare. Weibchen verstießen ihren Ehepartner, war er einer anderen zu nahegetreten.

Nur selten begehren zwei Männchen ein und dasselbe Weibchen, und nach Kämpfen um eine Begehrte steht ihnen ebensowenig der Sinn wie zur Verteidigung eines Hochzeitsplatzes. Es ist noch nicht geklärt, ob Schlangen überhaupt einen Reviersinn entwickeln.

Bei den Männchen von Klapperschlangen, anderen Grubenottern aber auch Vipern läßt sich ein Schlangentanz beobachten. Sie umschlingen sich, Kopf an Kopf, Leib an Leib, bis zu einem Meter steil aufgerichtet, pressen ihre Leiber gegeneinander, gleiten voneinander ab, fallen um, strecken sich wieder aneinander hoch und umschlingen sich erneut, bis schließlich ein Männchen aufgibt und davonkriecht.

Es sind ritualisierte „Kommentkämpfe". Nie gebrauchen die Schlangen ihre Giftzähne, sonst hätten sie sich schon längst selbst ausgerottet. Ist es ein Messen der Kräfte paarungswilliger Männchen, eine Art Turnierkampf oder ein Balzkampf um ein Weibchen? Doch man kämpft auch ohne Anwesenheit eines Weibchens. Die Geschlechter erkennen sich weniger mit dem Gesichtssinn, denn äußere Geschlechtsmerkmale fehlen oft. Allenfalls unterscheiden sie sich durch eine andere Färbung oder durch die längeren Schwänze des Männchens, dessen Schwanzwurzel wegen seiner Begattungsorgane etwas verdickt sein kann. Weibchen sind vielfach insgesamt etwas länger und schwerer. Doch davon gibt es viele Ausnahmen. Es ist der Geruchssinn vornehmlich des Jacobsonschen Organes, mit dem ein Männchen ein Weibchen findet. Dieses weist dem Männchen mit einer Geruchsspur aus den Analdrüsen den Weg.

Ein beredtes Beispiel dafür hat FITZSIMONS aus Südafrika berichtet: Ein junger Farmer und sein Freund erlegten eine Schwarze Mamba mit einer Schrotladung und zogen das tote Tier in einer Schlinge hinter sich zur Farm. Stets zu Scherzen bereit, stieg der Farmer durch das offene Schlafzimmerfenster und legte die Mamba so auf den Boden, als ob sie noch lebte. Nach einiger Zeit bat er seine Frau, etwas aus dem Schlafzimmer zu holen. Beide Männer freuten sich darauf, ihren Hilferuf zu hören und sie aus dem Zimmer stürzen zu sehen.

Aber nichts dergleichen geschah. Sie warteten vergebens. Es blieb totenstill. Sie wurden unruhig und gingen nachsehen. Die Tür ließ sich nur schwer öffnen, denn hinter ihr lag die Frau mit dem Gesicht zum Boden – und mitten im Zimmer stand aufgerichtet eine höchst lebendige Schwarze Mamba. Der Farmer erstarrte. Der Freund holte die Schrotflinte und schoß sie tot. Es war Paarungszeit. Sie hatten ein Mambaweibchen erlegt, und das Männchen war der Duftspur des über den Boden geschleiften Weibchens gefolgt und hatte im Schlafzimmer die Frau dreimal gebissen. Sie war tot.

Nur wenige Schlangenarten können sich zu jeder Jahreszeit paaren, wie Tini, wenn auch ihre Hauptpaarungszeit in Indien im Januar und Februar zu liegen scheint. In den gemäßigten Zonen halten die Schlangen einen Winterschlaf und finden sich oft zuhauf an einem ihnen behagenden Ort zusammen. Sie paaren sich im Frühjahr, wenn sie sich noch nicht in alle Winde zerstreut haben. Treffen Menschen auf solche Schlangenansammlungen von Ringelnattern *Natrix natrix* in Europa, von Strumpfbandnattern *Thamnophis* und Klapperschlangen *Crotalus* in Nordamerika, so vermuten sie Schlangenbälle, zu denen die Schlangen von weither zusammeneilten. Von der Phantasie beflügelt, entstanden so des Volkes Märchen und Sagen.

Schlangen kälterer Landstriche, wie viele Kreuzottern *Vipera berus,* manche Klapperschlangen und die Halys-

ottern *Agkistrodon halys* Sibiriens paaren sich bereits im Herbst vor dem Winterschlaf und gebären die Jungen nach dem Aufwachen im Frühjahr. Ohne einen ausreichenden Winterschlaf bei niedrigen Temperaturen lassen sich solche und manch andere Schlangen der gemäßigten Zonen nicht im Terrarium züchten. In den Tropen sind die Schlangen besser dran. Hier richtet sich ihre Sexualperiode oft nach der Trockenzeit. Sie finden sich zu einem Trockenschlaf zusammen und nützen diese Gelegenheit zur Paarung. Neben hormonalen Vorgängen bestimmen also auch klimatische Bedingungen und das Nahrungsangebot weitgehend die Paarungszeit.
Wie oft in der Natur gibt sich das Männchen als der aktivere Teil. Es muß sich die Auserwählte durch Balz und Berührungen zur Begattung geneigt machen, sei es durch Schlängeln auf dem Rücken des Weibchens, wie vielfach bei den Nattern anzutreffen, oder durch Bewegungen des Stoßens und Ruckens, wie es manche Vipern und Grubenottern kennen. Das Männchen der Äskulapnatter *Elaphe longissima* beißt gar in den Hals der Erwählten. Riesenschlangen (Boidae) vibrieren oft mit ihren langen Afterklauen und reizen, zwischen die Schuppen der Partnerin eingehakt, deren hintere erogene Zonen.
Ein in keine Paarungsstimmung zu versetzendes Weibchen flüchtet. Sonst umringelt das Männchen die Auserwählte mit einigen Windungen und preßt seinen

Ein unzertrennliches Pärchen Erdnattern *Elaphe obsoleta spiloides* aus Florida.

Schwanz unter den des Weibchens, bis Kloake auf Kloake liegt. So bleiben sie während der Vereinigung (Kopulation) fest aneinander gepreßt, manchmal mit pumpenden Bewegungen. Nur selten durchbebt ein rhythmisches Zucken ihre Körper.
Das Begattungsorgan des Schlangenmännchens in der Schwanzwurzel unmittelbar hinter dem Kloakenspalt ist paarig ausgebildet. Man spricht von einem Halb- oder Hemipenis. Nur derjenige wird in die Kloake und damit in die weibliche Geschlechtsöffnung eingeführt, der ihr am nächsten liegt. Muskeln und Blutandrang lassen den Hemipenis erigieren. Dabei stülpt er sich aus wie der Finger eines Handschuhes, das Innere kommt nach außen, auch die Samenrinne. Zu einem Penis mit samenleitender Röhre haben es die Schlangen im Laufe der Evolution nicht gebracht.
Schlangen sind glatt, und Gliedmaßen zum Festhalten fehlen. Daher verankert das Männchen seinen Hemipenis durch verhornte Epithelanhänge, Falten, Warzen. spitze Vorwölbungen, durch Dornen oder Stacheln im weiblichen Geschlechtsteil. Dieser ist genau dem Hemipenis des Männchens derselben Art angepaßt. Daher können nur Artgenossen miteinander geschlechtlich verkehren, was Bastardierungen verhindert und die Arten reinerhält.
Der Samen wird in den paarigen Hoden (Testes) im hinteren Teil der Bauchhöhle produziert und füllt vermengt mit Ausscheidungen der Nieren eine blasige

Verdickung des Harnleiters, ehe er bei der Vereinigung entlang der Samenrinne ins Weibchen läuft. Die Eier des Weibchens wachsen in den ebenfalls paarigen Eierstöcken (Ovarien) heran, die ebenso in der Bauchhöhle noch vor den Nieren liegen. Sie werden bei Reife mit Follikelsprung (Ovulation) in die Bauchhöhle abgegeben und in der Regel von einem der beiden Eileiter (Ovidukt) aufgenommen, deren unterer dickwandiger Teil (Uterus) in die Kloake mündet. Im Uterus verbleiben die perlschnurartig aufgereihten Eier bis zur Befruchtung.

Samenabgabe bei der Vereinigung (Kopulation) und Befruchtung der Eier fallen nicht immer zeitlich zusammen. Eier und Samen können sich einige Zeit im Körper des Weibchens lebensfähig erhalten. In meinem Terrarium legte ein einzeln gepflegtes Weibchen einer Barrenringelnatter *Natrix natrix helvetica* noch nach eineinhalb Jahren befruchtete Eier. Eine Indigonatter *Drymarchon corais couperi* soll sich damit viereinhalb Jahre und eine Katzenaugennatter *Leptodeira annulata* die Rekordzeit von sechs Jahren Zeit gelassen haben.

Bei Hochzeitsfreuden gestörte Schlangenpärchen können sich wegen der Verklammerung ihrer Geschlechtsteile nicht ohne weiteres und sofort voneinander lösen, wenn sie flüchten wollen. Ihre Köpfe streben in verschiedene Richtungen, und man meint, eine Schlange mit zwei Köpfen vor sich zu sehen. Oft zieht das stärkere Weibchen das Männchen mit sich, und es entsteht der Eindruck einer beidend-köpfigen Schlange, die in der Schlangensymbolik eine bisher wenig geklärte Bedeutung hat. Bei den Mayas tritt sie als Stirnbinde der Götter in Erscheinung, anderswo als ein böses Zeichen für einen baldigen Todesfall in der Familie. Echt doppelköpfige Schlangen sind in der Natur nicht lebensfähig, im Terrarium nur, wenn jeder Kopf getrennt gefüttert wird. Denn sie machen sich die Nahrung streitig, obgleich sie in ein und denselben Magen kommt.

Befruchtete Eier entwickeln sich zunächst im unteren Teil des Eileiters. Die Trächtigkeitsdauer schwankt von Art zu Art und wird stark von der Temperatur beeinflußt. Sie verlängert sich, je kühler es ist. Kreuzottern sind zwischen fünf bis acht Monaten trächtig, Grubenottern oft noch länger.

Schlangenmütter zieht es zur Eiablage dorthin, wo für die Eier optimale Bedingungen an Schutz, Temperatur und Feuchtigkeit bestehen, wie in Komposthaufen, hohen, modrigen Baumstümpfen und dergleichen. Dort überraschen große Ansammlungen von Eiern vieler Schlangen den Menschen, der sie zufällig entdeckt.

Von der Schlangenart und wiederum der Temperatur hängt die Dauer der Entwicklung des Embryos im Ei ab. Die Entwicklungsdauer beträgt bei der Ringelnatter *Natrix natrix* bis zu zwei Monaten, bei der eierlegenden Levanteotter *Vipera lebetina* eineinviertel bis eineinhalb Monate und beim Buschmeister *Lachesis*

mutus brasilianischer Regenwälder rund zweieinhalb Monate. Die Eier der europäischen Vierstreifennatter *Elaphe quatuorlineata* und der südafrikanischen Hausschlange *Boaedon fuliginosus* kommen mit knappen zwei Monaten Zeit bis zum Schlüpfen der Jungen aus. Mehrere Gruppen von Schlangen überlassen ihre Eier keinem ungewissen Schicksal wechselnder Umwelteinflüsse, sondern bringen lebende Jungen zur Welt, sie sind „ovovivipar". Dem verdanken die Vipern ihren Namen, der sich aus dem lateinischen „Vivus pario" herleitet, was soviel wie „lebend gebärend" bedeutet. Den nördlichen Kreuzottern *Vipera berus,* aber auch den Schlingnattern *Coronella austriaca* und anderen ermöglicht die Ovoviviparie in den kalten unwirtlichen Gegenden mit wenig Sonnenwärme und einem kurzen Sommer die Fortpflanzung, ist also eine ökologische Anpassung. Sie kann soweit gehen, daß Schlangen ein und derselben Art in wärmeren Gebieten Eier legen und in kälteren die embryonale Entwicklung in ihrem Körper vornehmen. Die Jungen werden dann kurz vor ihrer Befreiung aus der Eihülle oder kurz danach „geboren". So gebären die Levanteottern Cyperns *Vipera lebetina lebetina* lebende Junge, während die in Klein- und Mittelasien *Vipera lebentina obtusae* Eier legen und nur in einigen Gebieten ovovivipar sind.
Bei den Riesenschlangen liegen hingegen einfache Verhältnisse vor: Die Pythons (Pythoninae) legen Eier, die Boas (Boinae) bringen lebende Junge zur Welt.

Bei den in heißen Ländern beheimateten Grubenottern und Vipern darf man das Lebendgebären als eine höhere (phylogenetische) Stufe der Entwicklung verstehen. Auch die meisten Seeschlangen sind in Anpassung an das Leben im Wasser lebendgebärend.
Gleitend in den Übergängen ist dementsprechend die Art der Ernährung von Eiern oder Jungen im Mutterkörper. Sind die Eierschalen bis auf eine dünne Haut zurückgebildet, weil sie im Mutterkörper keinen Schutz vor Austrocknung benötigen, ermöglicht dies die Abgabe embryonaler Ausscheidungen einerseits und andererseits zusätzlich zur Ernährung vom Eidotter eine Aufnahme von Wasser, Sauerstoff und Nährstoffen der Mutter. Entfallen die Eierschalen gänzlich, so lassen sich ausgesprochene Plazentafunktionen (Mutterkuchen) nachweisen ähnlich wie bei Säugern. Die Ovoviparie nähert sich der Viviparie. So zu beobachten bei manchen Seeschlangen, Strumpfbandnattern *Thamnophis,* manchen nordamerikanischen Wassernattern *Natrix* und besonders ausgeprägt bei den Schwarzottern *Pseudechis* Australiens.
Große Freude herrscht, tummeln sich im Terrarium die niedlichen, jungen Schlangen, die gerade dem Ei entschlüpft oder von der Mutter geboren sind. Die Eltern kümmern sich weder um die Eier noch um die Jungen, die von Geburt an für ein selbständiges Leben ausgerüstet sind, auch mit vollwertigem Gift.
Nur wenige Schlangen lassen ein Sozialverhalten erken-

Kinderstube für Wasserschlangen,
Nachzucht von *Thamnophis* und *Natrix sipedon.*

nen wie die Königskobra *Ophiophagus hannah.* Sie treibt Brutpflege. Das Weibchen fügt mit Körperschlingen Holzstückchen, vermoderndes Laub und Pflanzstoffe zu einem etwa einen Meter breiten Nest mit zwei Etagen zusammen. In die untere legt sie ihre Eier und in die obere sich selbst und bewacht und verteidigt ihr Gelege gegen Eierdiebe. Sie ist auch für den Menschen, der ihrem Nest zu nahe kommt, ein furchtbarer Gegner.

STEMMLER-MORATH berichtet über die Brutpflege der Vierstreifennatter *Elaphe quatuorlineata,* der „Riesenschlange" Europas, mit zweieinhalb Metern Länge, armdick. Sie soll sich turbanartig über ihren zehn bis zwölf Eiern zusammenringeln und sie bebrüten.

Ich habe das weder in der freien Natur noch im Terrarium beobachten können, hingegen die Vorliebe dieser Schlange für fremde Eier. Plündert sie ein Hühnernest, trägt sie Ei um Ei im Maule weg, um es abseits zu verzehren. Dazu stellt sie das Ei senkrecht mit dem spitzeren Ende nach oben auf, umringelt es, schiebt es in ihr Maul, läßt es im Hals nach unten gleiten und windet ihn, bis das Ei zerbricht. Die Eischale wird mit dem Kot ausgeschieden. Bereits im Nest bezüngelt sie jedes Ei und läßt sich anders als ein „dummes" Huhn, das auch Kunsteier bebrütet, durch ein solches nicht täuschen, es sei denn, es hat den Geruch eines Natureies angenommen.
Besonders liebevolle Mütter finden sich unter den Pythonschlangen. Sie verteidigen ihr Gelege nicht nur gegen Störer, sie ringeln sich während der Brutzeit von rund zwei Monaten darüber und verlassen das Gelege allenfalls zum Fressen und Trinken und um sich zu häuten. Manche Pythons, wie der Tigerpython *Python molurus,* brüten echt, denn die Temperatur des Geleges erhöht sich gegenüber der Außentemperatur um sechs bis acht Grad. Wie eine auf die Außentemperatur angewiesene wechselwarme Schlange das fertigbringt, ist noch unklar, ob ein echter Fieberzustand mit einer Erhöhung der Blutwärme vorliegt, oder ob, was wahrscheinlicher zu sein scheint, die andauernden zehn bis zwanzig Körperzuckungen der Schlange je Minute die Temperaturerhöhung bewirken.

Die Giftküche der Schlangen

Komme gerade von Tini! Ich hatte ihr eine Ratte mitgebracht. Diese rannte in die rechte hintere Ecke des Terrariums. Tini nahm, vorerst, keine Notiz von der Beute, die neugierig und zugleich mißtrauisch in die Luft schnupperte. Kann man es ihr verdenken, wer möchte schon mit einer Kobra in einem engen Raum zusammensein?

Doch, das gibt es! Der Reptilienforscher Michael Dekker verbrachte in einem 17 m^2 großen Raum im Exotarium Wellingholzhausen bei Osnabrück gleich 71 Tage und Nächte zusammen mit sechzehn Weißlippenkobras und Puffottern. Nur zwei Stunden täglich trennte er sich von den Schlangen, um zu duschen und sich durch einen Dauerlauf fit zu halten. Helfer überwachten seinen Schlaf. Serum war stets vorrätig für den Fall eines Falles, der aber nicht eintrat. So brach Decker den Weltrekord des Zusammenlebens mit Giftschlangen, den mit 50 Tagen und Nächten Peter Snyman im südafrikanischen Hartbeespört hielt. Doch nicht deshalb war Decker angetreten: „Ich wollte nur beweisen, daß Schlangen von Natur aus nicht boshaft und aggressiv sind.“ Gewiß nicht! Doch bei Tini würde ich es nicht in jeder Situation darauf ankommen lassen. Soeben erfah-

re ich, daß der Schlangenzüchter Jürgen Herpert in Schladen (Kreis Wolfenbüttel) 3 Monate mit 24 Giftschlangen in einem $10m^2$ großen Terrarium zusammengelebt hat, ohne gebissen worden zu sein.
Tini züngelte auf die Ratte zu, als ob sie Witterung aufnehme. Die Ratte huschte in die linke Ecke. Die Schlange schnellte vor, ein blitzschneller Biß, kaum mit den Augen zu verfolgen. Bei Klapperschlangen ist eine Bißgeschwindigkeit von 2,5 Metern in der Sekunde gemessen worden. Die Ratte lief an Tini vorbei zur Terrarientür. Das war mir recht, denn ich wollte das Schlangengiftserum der Behringwerke in Marburg an der Lahn ausprobieren. Doch dazu kam es nicht! Die Ratte taumelte, fiel zur Seite, zuckte, streckte sich, tot! So schnell und zuverlässig wirkt Kobragift! Dabei verwendet eine Giftschlange für einen Jagdbiß kaum mehr als ein Zehntel ihres verfügbaren Giftes und oft nicht einmal das. Bei einem Verteidigungsbiß ist sie meistens noch sparsamer. Allerdings gleichen Schlangen mit nicht so wirksamen Gift dies durch eine größere Menge aus, was ihrem Gift an „Giftigkeit" fehlt.
Erst nach einiger Zeit nahm Tini züngelnd die „Duftspur" auf, die wohl die Giftwirkung im Körper des Beutetieres erzeugt und die es einer Giftschlange ermöglicht, ihr Opfer zu finden, mag es sich in Todesangst noch so versteckt verkrochen haben. Tini betastete züngelnd die Ratte und begann sie, den Kopf zuerst, mit dem Haarstrich des Felles zu verschlingen.

Die unvorstellbare geringe Menge von 0,0002 Gramm Kobragift genügt, um eine Ratte oder ein Meerschweinchen zu töten. Setzt man das Körpergewicht ins Verhältnis zur Anfälligkeit gegen das Gift, errechnen sich auf experimenteller Grundlage folgende Werte, wofür ein Gramm Kobragift ausreicht: Für 166,5 Zentner Mäuse, das sind (1 Maus = ca. 50 Gramm Eigengewicht) 166 660 Mäuse, für 25 Zentner Hunde, das sind (1 Hund = ca. 15 kg Eigengewicht) 83 Hunde oder für 200 Zentner Menschen, das sind (1 Mensch = ca. 65 kg Eigengewicht) 154 Menschen. Die Anfälligkeit bzw. die Widerstandsfähigkeit gegenüber Kobra- und überhaupt Schlangengift ist demnach unterschiedlich groß. Durch Auspressen der Giftdrüsen lassen sich bei einer ausgewachsenen Kobra bis zu zweieinhalb Gramm Gift gewinnen. Eine Puffotter *Bitis arictans* bringt es auf rund eineindrittel Gramm und eine Kreuzotter noch auf ein Zehntel Gramm. Derartige Zahlenangaben können beträchtlich voneinander abweichen, weil die Giftkapazität einer Schlange individuell schwankt und von mancherlei Faktoren abhängt. Doch zeigen die Zahlen, welch potentielle Giftlieferanten wir vor uns haben.

Wenn man der Statistik der Krankenhäuser glauben darf, sind (nach G. HABERMEHL) jährlich insgesamt 40 000 Todesfälle durch Schlangenbisse zu verzeichnen (ohne China und die UdSSR). Da die Sterblichkeitsrate bei Schlangenbissen im langjährigen Mittel bei 2,4 Prozent liegt, würden allein die hospitalisierten Todesfälle hochgerechnet 1,7 Millionen Gebissener jährlich ergeben. Die Dunkelziffer dürfte höher sein. Die Weltgesundheitsorganisation hat im Jahr 1948 in Indien 10 600 Todesfälle ermittelt, aber dabei nicht einmal alle indischen Bundesstaaten erfaßt.

In den USA fallen jährlich an die 45 000 Schlangenbisse an, davon rund 8 000 von Giftschlangen. Doch nur bis zu fünfzehn verlaufen im langjährigen Schnitt tödlich. Nicht schlechter sieht es in anderen Ländern mit guter medizinischer Betreuung aus. Von den 1300 jährlichen Kreuzotterbissen in Schweden gehen nur zwei bis drei und manches Jahr kein einziger tödlich aus. In Großbritannien waren in den 50 Jahren von 1899 bis 1949 lediglich 7 Todesfälle zu verzeichnen. In der Bundesrepublik Deutschland wurden von 1964 bis 1969 211 Menschen von Kreuzottern gebissen. Kein einziger starb. Das zeigt, wie unbegründet eine Schlangenfurcht in gemäßigten Klimazonen ist.

Bei Kreuzotterbissen liegt die Sterblichkeitsrate unter einem Prozent und allenfalls bei drei bis fünf Prozent sind schwerere Schädigungen zu erwarten. Ganz anders verhält es sich bei Giftschlangenbissen in den heißen Klimazonen, da sich die Gifte hier als weit wirksamer erweisen. Bei der Brillenkobra *Naja naja* beträgt die Sterblichkeitsrate 32 Prozent, bei der Schauerklapperschlange *Crotalus durissus terrificus,* der gefürchteten Cascaval Südamerikas, 12 Prozent, bei der nur 60 Zentimeter langen Sandrasselotter *Echis carinatus,* der Efa-Schlange, die von Arabien bis Indien und im nördlichen Afrika vorkommt, 20 Prozent und bei dem zu Unrecht so gefürchteten südamerikanischen Buschmeister *Lachesis mutus,* mächtigste aller Grubenottern und nach der Königskobra größte Giftschlange der Erde, nur 0,2 Prozent. Einsame Spitze hält die Schwarze Mamba *Dendroaspis polylepis* Afrikas mit nahezu 100 Prozent Sterblichkeitsrate.

Die genannten Zahlen verdeutlichen, wie wichtig es ist, sich mit den Giftschlangen, ihren Giften und der Verhütung und Behandlung von Giftbissen zu befassen.

Von den rund 2 700 Schlangenarten sind nur reichlich 400 mit einem voll entwickelten Giftapparat ausgerüstet. Zwei Drittel der rund 2 000 Arten von Nattern (Colubridae) besitzen überhaupt keine giftübertragende Zähne (Aglyphen), und das übrige Drittel hat wohl giftleitende Furchenzähne (Opistoglyphen), die jedoch mit Ausnahme der Boomslang *Dispholidus typus* und der Grauen Baumnatter *Thelotornis kirtlandii* zu weit im Hinterkiefer stehen, als daß sie Menschen wirklich gefährlich werden könnten, von Ausnahmesituationen wie etwa mit einer großen Mangrovennachtbaumnatter *Boiga dendrophila* abgesehen.

Von den reichlich 400 eigentlichen Giftschlangen sind viele zu träge oder zu beißfaul, wie die meisten Seeschlangen, oder ihr Gift ist zu schwach, um wirklich gefährlich zu sein. Und andere wiederum sind sehr selten oder leben in abgelegenen Gegenden, wo kaum jemand seinen Fuß hinsetzt. Daher muß eine besonders giftige Schlange nicht zugleich auch die gefährlichste sein. Die uns bekannte giftigste Schlange der Erde, die Kleinschuppen-Schlange *Parademansia microlepidota,* kommt sehr selten im Osten Mittelaustraliens vor. Ihr Gift wirkt viermal stärker als das des ebenfalls nicht häufigen und zudem scheuen australischen Taipans *Oxyuranus scutellatus,* der als die zweitgiftigste Schlange gilt. Sein Gift ist zwanzigfach stärker als das der Brillenkobra und etwa dreihundertfach wirksamer als Klapperschlangengift. Dennoch richtet der Taipan kaum Schaden an. Die sehr schnelle und als angriffslustig geltende Schwarze Mamba *Dendroaspis polylepis* verursacht in den dichtbevölkerten Gebieten Afrikas unverhältnismäßig viele Todesfälle.

Dennoch: Ob die Schwarze Mamba tatsächlich so angriffslustig ist, wie man ihr allgemein nachsagt, steht dahin. MARK S. EASTERBROOK hält in einem ziemlich kleinen Freilandgehege in Malindi (Kenia) eine Anzahl Schwarzer Mambas. Man konnte es betreten, ohne daß sich aucn nur eine in ihrer Ruhe stören ließ. Allerdings waren sie an Gefangenschaft und Menschen gewöhnt.

Beim Jagdbiß dient das Gift der Schlange zum Töten oder Lähmen der Beute und dann als Ferment auch zur Verdauung, die bei der unzerkleinerten Beute um so schneller vor sich gehen muß, je wärmer es ist. Ande-

Die Giftzähne einer Puffotter *Bitis arietans* werden untersucht.

Eine Grüne Mamba *Dendroaspis viridis* wird „gemolken“.

rerseits ist nicht jeder Verteidigungsbiß ein Giftbiß mit Vergiftungssymptomen, sei es, daß die Schlange mit geschlossenem Maul zuschlägt, wie tags vielfach eine Kobra, ihre Giftzähne nicht aufrichtet oder kein Gift abgibt, da sie das zur Verteidigung nicht für erforderlich hält. Man schätzt, daß mindestens 20 Prozent, wenn nicht mehr, aller Verteidigungsbisse potenter Giftschlangen keine Giftbisse sind. Darauf mögen manche spektakulären Heilerfolge mit obskuren Mitteln, besonders afrikanischer Medizinmänner, beruhen. Von den Menschen, die sterben, sprechen sie nicht.

Viel zu wenig bekannt und untersucht ist, daß geschätzte 20 bis 30 Prozent aller Todesfälle von harmlosen Schlangen herrühren. Man stirbt infolge des Schocks, aus Angst oder rein aus der Suggestion, von einer Giftschlange gebissen sterben zu müssen, so wie der „Todesfluch" eines Medizinmannes genügt, um zu töten, oder Menschen schon in einem Kühlraum „erfroren" sind, der gar nicht eingeschaltet war. Ob umgekehrt Suggestion einen Menschen vor den Folgen eines echten Giftbisses bewahren kann, ist zu bezweifeln.

Den höchstentwickelten Giftapparat besitzen die Vipern (Viperidae), wie die Kreuzotter und die Puffottern, und die Grubenottern (Crotalidae), von denen die Klapperschlangen *Crotalus* und die Lanzenottern *Bothrops* und *Trimeresurus* am bekanntesten sind. Sie werden als „Röhrenzähner" (Solenoglyphen) bezeichnet, da das Gift in den zwei hohlen Giftzähnen vorn im

Oberkiefer fließt. In der Ruhe liegen sie in einer Gaumenfalte des Oberkiefers. Beim Biß klappt die Schlange die Röhrenzähne blitzschnell auf und injiziert das Gift in ihr Opfer.
Nicht so vollkommen entwickelt ist der Giftapparat der „Vorderfurchenzähne“ (Proteroglyphen), zu denen die Giftnattern (Elapidae), wie die Kobras und Mambas, und die Seeschlangen (Hydrophiidae) gehören. Das Gift fließt in den Furchen der zwei starren Giftzähne im Oberkiefer und wird beim Biß in das Opfer gepreßt oder gar einmassiert.
Von den „Hinterfurchenzähnern“ (Opistoglyphen), den Trugnattern (Boiginae) und Wassertrugnattern (Homalopsinae), war bereits die Rede. Nur zwei Arten, und die anderen nur ganz ausnahmsweise, werden dem Menschen gefährlich, sofern das Gift nicht zu schwach ist.
Die „Glattzähner“ (Aglyphen), zu denen die übrigen Nattern, die Blindschlangen und die Riesenschlangen gehören, haben weder giftübertragende Zähne noch einen giftleitenden Kanal. Drüsenabschnitte im Oberkiefer erzeugen bei einigen Arten Gift. Bereits im Jahre 1894 gelang der Nachweis, daß das Sekret der Drüsen einer Ringelnatter ein Meerschweinchen tötet. Die Sekretabsonderungen in den Speichel scheinen der besseren Verdauung zu dienen. Kommen sie, wie etwa bei einem Biß, in eine Wunde, sind örtliche Vergiftungserscheinungen zu beobachten, vor allem Schwel-

lungen. So nach Bissen der südostasiatischen Gelbband-Wassernatter *Natrix stolata.* An den Folgen eines Bisses einer Tiger-Wasserschlange *Natrix tigrina* starb nach zwei Monaten schwerer Vergiftungssymptome ein japanischer Berufsschlangenfänger.

So verschiedenartig die Giftschlangen sind, so unterschiedlich wirken auch ihre Gifte. Nach Bissen von Giftnattern (Elepidae) treten kaum oder wenig schmerzhafte Lokaleffekte auf. Es sind vornehmlich starke Nervengifte (Neurotoxinen). Sie beseitigen die Erregungsübertragung der Nerven auf die quergestreifte Muskulatur, was zu einer meistens irreversiblen neuromuskulären Blockade führt, ähnlich wie das berühmt-berüchtigte Pfeilgift „Curare" südamerikanischer Indianer, entweder prae- oder postsynaptisch oder durch Veränderung der elektrischen Potentiale der Zellmembranen. Die Folge sind Lähmungen. Der Mensch erstickt bei noch intaktem Kreislauf, sobald die Zwerchfell- und Thoraxmuskulatur ausfallen.

Besonders bei Kobras können Herzgifte (Cardiotoxine) hinzukommen. Sie schädigen das Herz unmittelbar, etwa durch diffuse Blutungen im Herzmuskel, und führen bei schwächer werdendem Puls und niedrigem Blutdruck zu einer höheren Herzfrequenz. Wahrscheinlich durch Freisetzen von Histaminen (Gewebshormonen) kann der Blutdruck bis zum Kreislaufkollaps absinken. Doch damit nicht genug! Manche Gifte der Giftnattern schädigen zusätzlich Blut und Zellen

mit „cytotoxischer" Wirkung, wie sie bei den Giften der Vipern und Grubenottern im Vordergrund steht.
Ihre Bisse schmerzen stark, die Einbißstelle schwillt an, und Nekrosen (Gewebszersetzungen) sind die Regel. Die Nervengiftkomponente tritt zugunsten der Blut- und Zellschädigungsgifte (Cytotoxine) stark zurück. Diese breiten sich langsam im Körper aus, beeinträchtigen die Köpergewebe allgemein, zerstören die roten Blutkörperchen (Hämolysine) und machen die Wandschichten der Blutgefäße durchlässig (Hämorrhagien). Es dringt Blut in die Organe und Körperhöhlungen und an andere Stellen. Eine koagulierende Giftkomponente (Thrombine) führt zur Blutgerinnung. Vornehmlich bei den Giften von Grubenottern ist eine Degeneration der Muskelfasern (Myonekrose) nicht selten. Der Mensch erduldet ohne medizinische Hilfe unsagliche Qualen, bis, wie vielfach, der Tod ihn erlöst.
Besonders gefährlich und gefürchtet sind die Gifte, die voll als Nervengift (neurotoxisch) und voll als Blutgift (hämotoxisch) wirken, wie die Gifte der bestechend schönen Gabunotter *Bitis gabonica* und der noch bunteren Nashornviper *Bitis nasicornis*. Sie sind oft in den Terrarien der Liebhaber zu finden.
Nur ein Giftzahn der Gabunotter ritzte den Kurator Perkins im Zoologischen Garten von St. Louis, Missouri, leicht am Zeigefinger. Die winzige Wunde wurde sofort eingeschnitten und ausgesaugt und umgehend eine Seruminjektion verabreicht. Trotzdem war Per-

kins nach einer Stunde bewußtlos. Kalter Schweiß, blutiger Urin und Erstickungsanfälle folgten. Der Arm schwoll unmäßig an, der Finger färbte sich schwarz, die Hand dunkelblau, Nur erneute Serumgaben, Bluttransfusionen, Einschnitte in den Arm und laufende Injektionen von Herzmitteln retteten ihn. Erst nach Wochen schwerer Krankheit war er fähig, das erste Mal aufzustehen.

So unterschiedlich sich die Giftwirkungen auf den Organismus ausnehmen, so verschiedenartig sind die Gifte zusammengesetzt. Es sind die kompliziertesten Giftgemische der Natur, die wir kennen und erst zum Teil erforscht haben.

Eine Giftschlange läßt sich „melken", wenn man sie fest hinter dem Kopf faßt, ihre Giftzähne durch eine Membran über einem Glas drückt und ihre Giftdrüsen leicht massiert. Das Gift tröpfelt als farblose oder gelbliche bis grünliche, zähe Flüssigkeit ins Glas. Im Exsikkator oder anderweitig getrocknet bleibt etwa ein Zehntel als haltbare Trockensubstanz zurück.

Sie besteht in ihrem toxischen Anteil bei den Giftnattern und den Seeschlangen aus niedrigmolekularen und sich deshalb schnell im Gewebe des Opfers ausbreitenden Proteinen (Eiweißstoffen) aus 60 bis 74 Aminosäureresten. Die Primärstruktur kennzeichnet sich durch gefaltete mit Cystinbrücken verknüpfte Peptidketten. Die Gifte der Vipern und Grubenottern hingegen enthalten einen hohen Anteil an Cytotoxinen, hochmole-

kularen und sich deshalb langsam ausbreitenden basischen Proteinen, die die Zellmembranen zerstören. Giftige Enzyme zeichnen vorwiegend für die Senkung des Blutdrucks, Zerstörung der Blutgefäße und der roten Blutkörperchen verantwortlich. Die zerstörerische Wirkung einer Phosphorlipase auf die Blutkörperchen konnte bereits in den zwanziger Jahren unseres Jahrhunderts nachgewiesen werden.
Durch biochemische Analysenmethoden, von denen der Gelbfiltration und der Elektrophorese besondere Bedeutung zukommt, gelingt es, die verschiedenen Proteine zu trennen, um ihre biologische Aktivität zu ermitteln. Vielfach läßt sich auch ihre Struktur klären. Mit spektralanalytischen Verfahren lassen sich winzige Spuren von Metallionen nachweisen. Über ein halbes Hundert Schlangengifte sind derzeit in der Primärstruktur erforscht.
Diese Bemühungen dienen nicht nur der Befriedigung menschlichen Wissensdurstes, sondern haben wie kaum andere Forschungen reiche Früchte getragenen in der Biochemie, der Neurophysiologie und der Phylogenie (stammesgeschichtliche Entwicklung) und damit in der Systematik, aber auch im Kampf gegen das Schlangengift.
Dieser Kampf begann bereits im Altertum, doch der Weg zum Heilmittel gegen das Gift war nicht frei von abergläubischem Heilzauber und nicht unbeeinflußt von mystisch-religiöser Verbrämung. Plinius empfahl

das Trinken des eigenen Urins. Der berühmte Leibarzt Antonius Musa des Kaisers Augustus und ihm folgendend die Ärzte verordneten bis weit ins Mittelalter Vipern in verschiedenster Form als Gegenmittel gegen Schlangenbiß. Das klassische Mittel erfand – nach einer Lesart – der Leibarzt des Kaisers Andromachus auf Kreta, das Theriak, das aus über 70 Substanzen, darunter auch pulverisierten Vipern, bestand. Es war ein Geheimrezept. Zu Rom hatten die Jesuiten das Herstellungsmonopol, und es mußte oftmals gegen Nachahmer behördlich geschützt werden. Das offizielle Deutsche Heilmittelverzeichnis führte „Theriak" bis zum Jahre 1882. Analysen und Versuche erwiesen seine völlige Wertlosigkeit.
Nicht viel anders erging es den übrigen mittelalterlichen Mitteln. Der stark poröse „Schlangenstein" könnte allerdings infolge seiner Kapillarwirkung etwas von dem Blut-Gift-Gemisch aufsaugen.
Nicht alles ist von der Hand zu weisen, weil es die westliche Wissenschaft als nicht erklärbar abtut. In Hongkong hatte ich ein Erlebnis, das nachdenklich stimmt. Ein mitternächtlicher Transport von Kobras war eingetroffen. Der chinesische Inhaber des „Snake Shop" bekam eine Kobra nicht fest genug zu fassen, sie wand sich aus dem Griff und verbiß sich zwischen Daumen und Zeigefinger, ihren Giftvorrat wütend ins Fleisch pressend, bis eine glühende Zigarette vor ihrer Schnauze sie zum Loslassen zwang. Der Gebissene

Das Gift der Nashornviper *Bitis nasicornis*, oben,
und der Gabunviper *Bitis gabonica*, unten, ist besonders gefährlich.

schnitt die Wunde auf, ließ sie ausbluten und drückte ein graues Pulver hinein. Er zeigte keinerlei Beschwerden und blieb gesund und munter.
Man könnte einwenden, er sei durch viele vorangegangene Bisse gegen Kobragift immun. Das ist zwar nicht völlig von der Hand zu weisen, doch selbst wissenschaftlichen Versuchen, Testpersonen durch kleine, steigende Giftgaben zu immunisieren, war kaum ein Erfolg beschieden. Denn die Konzentration der im Körper eigengebildeten Abwehrstoffe, der Antitoxine, fällt schnell ab. Es wären ständige Giftgaben erforderlich, die der menschliche Organismus jedoch schlecht verträgt. Vorangegangene Schlangenbisse sind also keine Überlebensgarantie und können eine „Schlangenfestigkeit" von Händlern und Gauklern nur schwerlich erklären.
Da eine aktive Immunisierung des Menschen praktisch ausscheidet, kommt der passiven mit einem Schlangengiftserum um so größere Bedeutung zu. 1895 gelang es dem französischen Arzt Albert Calmette, im Pasteur-Institut in Saigon das erste Serum herzustellen. Er fand in furchtlosen Selbst- und in Tierversuchen heraus: Tiere bilden Antitoxine, wenn ihnen Schlangengift in nicht tödlicher Dosis laufend eingeimpft wird (aktive Immunisierung). Ihr Blutserum kann einem Menschen injiziert werden. Die vom Tier gebildeten Antitoxine verbinden sich mit den Eiweißen des Giftes und machen es unschädlich (passive Immunisierung).

Die Technik, Schlangengiftserum herzustellen, ist seitdem in den über zwanzig Instituten in aller Welt verbessert worden, die Methode blieb gleich. Aus praktischen Gründen dienen zumeist Pferde der Serumgewinnung. Doch selbst sie leiden stark und manche sterben an Herzhautinnen- oder an Nierenentzündung.

Grundsätzlich bedarf es für jede Schlangenart eines eigenen (monovalenten) Serums, da die Gifte zu verschiedenartig zusammengesetzt sind. Da ein Gebissener oft nicht weiß, welche Schlange die Übeltäterin war, stellen die Institute vielfach auch ein (polyvalentes) Serum von allen Giftschlangen eines bestimmten Gebietes her. Die Pferde werden dazu gleichzeitig mit den Giften aller in Betracht kommenden Schlangen immunisiert, für sie eine noch größere Tortur. Wie groß der Bedarf der Schlangenserum-Institute an Giftschlangen ist, wurde bereits erwähnt. Neben dem Fang der Giftlieferanten in der freien Natur wird ihre Nachzucht in Menschenhand immer wichtiger.

Je eher nach einem Giftbiß das Serum injiziert wird, um so günstiger ist es. Bei mittelschweren Vergiftungen reichen 50 ml aus, bei schwereren sind bis zu 100 ml verteilt auf zwei Gaben angezeigt, sofern nicht die Gebrauchsanweisung des Herstellers etwas anderes angibt. Im Krankenhaus besteht die Möglichkeit, den Patienten an den Kreislauftropf zu hängen und zusammen mit dem Serum physiologische Kochsalzlösung, Antibiotika, Tetanusserum und Herzmittel zu verabrei-

chen und Bluttransfusionen vorzunehmen. Eine Überempfindlichkeit gegen Pferdeserum kann einen (anaphylaktischen) Schock auslösen, gegen den Cortison und Antihistaminika nicht immer helfen, jedoch zumeist die Wirkung des Schlangengiftserums mindern. 6 bis 24 Tage nach einer Injektion kann sich die Serumkrankheit mit Fieber, Schmerzen, Unwohlsein, Muskelschwäche, Nesselausschlag, Schwellung der Lymphdrüsen und auch peripheren Nervenentzündungen zeigen. L. TRUTNAU empfiehlt daher, bei leichteren Bißfällen gänzlich auf Serum zu verzichten.
Was ist dann, oder wenn kein Serum zur Verfügung steht, zu tun? Alle Maßnahmen nach einem Schlangenbiß zielen in drei Richtungen: möglichst viel des Giftes aus dem Körper zu entfernen, eine Ausbreitung des Giftes im ganzen Körper zu verhindern oder wenigstens zu verzögern und im Körper verbleibendes Gift unschädlich zu machen.
Ersterem dient das Aufschneiden der Bißstelle in Längsrichtung und parallel zu den Muskelfasern oder ein Nachstechen der Einbisse. Durch Drücken und Massieren soll möglichst viel Gift mit dem Blut herausgeschwemmt werden. Der Auffassung, das sei mehr schädlich als nützlich, weil dabei das Gift schneller in den Blutkreislauf gelange, steht entgegen, daß manch ein Schlangenfänger und Fakir nur einem solchen Vorgehen oder der sofortigen Amputation des gebissenen Gliedes sein Leben verdankt. Sind keine offenen Wun-

den im Mund, keine Schleimhautrisse, wunde Zähne oder Magengeschwüre vorhanden, empfiehlt es sich, die Wunde auszusaugen. Die menschlichen Verdauungsfermente zerstören das Gift. Das hat der italienische Arzt Francesco Redi im Selbstversuch nachgewiesen, indem er zum staunenden Entsetzen der Anwesenden Schlangengift trank. In Amerika werden Schröpfköpfe mit einem Gummiball verwendet, die in einer halben Stunde die Hälfte des Giftes absaugen sollen. Das Ausbrennen der Wunde verfehlt nur in Western seine Wirkung (auf die Zuschauer) nicht, es bringt nichts außer schweren Gewebeschädigungen; das körpereigene Eiweiß schließt sich und verhindert das wünschenswerte Ausbluten. Auch das Unterkühlen des gebissenen Gliedes mit Eiswasser oder Eisstückchen (Cryotherapie) hat Nachteile, wenn die Kälte zusätzlich zum Gift Gewebezellen absterben läßt, was zu einer Amputation führen kann.
Damit sich das Gift nicht schnell im Körper ausbreitet, gilt es, Ruhe zu bewahren, sich ruhig zu verhalten und sich wenig zu bewegen. Nur die wenigsten Schlangenbisse führen zum Tod! Das Abbinden eines Gliedes oberhalb der Bißstelle kann dann der Ausbreitung des Giftes entgegenwirken, wenn sich dieses mehr über die Blutbahn und nicht so sehr durch die Gewebe verteilt, wie es allerdings für manche Gifte nachgewiesen ist.
Um das im Körper verbliebene Gift unschädlich zu machen, bedarf es einer Seruminjektion, so Serum

vorhanden ist. Eine ein- bis zweiprozentige Kaliumpermanganatlösung in der Wunde zerstört durch die starke Oxydation das Gift, doch auch das Gewebe und kann daher, wenn es nicht um Leben oder Tod geht, mehr Nachteile als Vorteile bringen. Calciumstöße und Antihistaminika können günstig wirken. Viel Flüssigkeit zu trinken, ist erwünscht, nur keinen Alkohol, wie es A. BREHM und manche Ärzte noch empfehlen. Er belastet den Kreislauf zusätzlich. Alkohol zerstört kein Schlangengift. Ein Petersburger Museumsdiener verletzte sich an den Zähnen einer viele Jahre in Spiritus konservierten Giftschlange – und starb daran. Ein Freund hatte „Giftspiritus" einer Mangroven-Nachtbaumnatter in eine Wunde bekommen und zeigte eigenartige Vergiftungserscheinungen.

Nach den vielen negativen Seiten des Schlangengiftes zu den erfreulichen. Im Jahre 1908 machte der amerikanische Arzt Self eine segensreiche Entdeckung: Ein Patient, der seit zehn Jahren an Epilepsie litt, überlebte den Biß einer Klapperschlange und war ab da geheilt. Dies gab den Anstoß zur Erforschung der Schlangengifte für Heilzwecke nach dem Grundsatz, die Menge macht es, wie etwa das Gift des Fingerhutes (Digitalin) das Herz lähmt, in kleiner Dosis jedoch den Herzmuskel stärkt. Seitdem sind die mannigfachen Wirkungen der Schlangengifte auf Geist, Nerven, Blut, Zellen und das Herz zunehmend medizinisch genutzt worden. Einige wenige Beispiele sollen das verdeutlichen.

Das Gift der Kreuzotter *Vipera berus*, der Hornviper *Cerastes cerastes* und des Buschmeisters *Lachesis mutus* hilft bei peripheren Durchblutungsstörungen, Myalgien, Neuritiden und Teudodorginitis ebenso wie bei rheumatischen Beschwerden und starken Neuralgien. Medikamente aus dem Gift der Horn- oder Sandotter *Vipera ammodytes* bewirken ähnliches und bewähren sich bei Prellungen und Quetschungen und in der Hand des Psychiaters bei der Umstimmungstherapie. Als Erster hat Calmette im Selbstversuch nachgewiesen, daß Kobragift anästhetisiert. Forschungsarbeiten im Pharmakologischen Institut der Heidelberger Universität haben die zentralanalgetische Bedeutung dieses Giftes herausgestellt. Solche Medikamente lindern gleich Morphium stärkste Schmerzen, ohne wie dieses süchtig zu machen, ein entscheidender Vorteil! Mit diesem Gift lassen sich Gelenkentzündungen, Asthma, Veitstanz, Epilepsie und einige andere Geisteskrankheiten heilen oder doch zumindest günstig beeinflussen.
Das Gift der von den Brasilianern so sehr gefürchteten „Caissaca“ *Bothrops atrox* hat schon viele Menschen vor dem Verbluten gerettet, denn der gereinigte gerinnungsfördernde Bestandteil Batroxobin wird prophylaktisch und zur Therapie von Blutungen aller Art (außer bei Operationen) verwendet. Als medizinisch besonders ergiebig hat sich das Gift der Malaiischen Grubenotter *Agkistrodon rhodostoma* durch seine durchblutungsfördernde Komponente erwiesen, nach-

dem man gelernt hat, die blutgerinnungsfördernden hochpolymeren Eiweißstoffe zu isolieren. Deutsche Wissenschaftler haben manchem Raucher die Amputation seines Raucherbeines erspart. Auch Herzinfarkte werden mit solchen Mitteln behandelt.

Man ist dabei, aus dem Gift des Kraits *Bungarus* Medikamente gegen Muskelschwäche und -schwund zu entwickeln und aus Kobragift ein Mittel gegen eine bisher tödliche Lähmung des Rückenmarks (Amyotrophische Lateralsklerose) zu gewinnen. Wen überrascht noch, daß sich auch die Krebsforschung des Schlangengiftes bemächtigt hat, um kranke Zellen zu zerstören! Es ist im Laborversuch gelungen, mit den cytotoxischen Giften von Vipern und Grubenottern Tumorzellen ohne nennenswerte Beeinträchtigung gesunder abzutöten. Nicht Ausrottung der Giftschlangen ist also das Gebot der Stunde, sondern ihre Schonung zum Wohle einer leidenden Menschheit.

Schlangenterrarium

Komme gerade von Tini! Reichlich zwei Monate ist es her, seitdem Tini die Eier gelegt hat. In der Tonschale haben sie sich bis auf zwei bei gleichmäßiger Wärme und Feuchte entwickelt. Das zweite große Ereignis des Schlüpfens stand bevor. In den Eiern regte es sich. Tini wachte hocherhobenen Hauptes, ihre Augen blitzten: Wer meinen Jungen zu nahekommt, ist des Todes. Man möchte meinen, daß Brillenkobras Brutpflege treiben wie die Königkobras.

Mit dem Eizahn auf dem Zwischenkieferknochen schneiden sich die jungen Schlänglein aus den Eiern ans Licht der Welt – vorerst nur einen kleinen Spalt. Diese Vorsicht ist ihnen angeboren. Auch in meinem Terrarium lugte hier und da aus den Eiern ein Köpfchen ängstlich hervor, züngelte, verharrte und zog sich wie erschöpft von ungewohntem Tun zurück in die Geborgenheit des Eies. Stunden, ja tagelang, beobachten neugeborene Schlangen die Umgebung, reagieren auf die kleinste Störung, ehe sie ihr Ei endgültig verlassen, um den Kampf ums Überleben zu wagen. Der Feinde sind viele: Freßgierige Schnäbel und Mäuler warten auf sie, und Vorsicht ist selbst vor anderen Schlangen geboten. Doch nicht im Terrarium, wo nur untereinander verträgliche gehalten werden sollen.

Schlangen aus Liebhaberei zu halten, ist uralt. Vom Schlangenpark der Antike zu Pella in Makedonien bis zum römischen Kaiser Claudius Nero Tiberius (zur Zeit von Christi Geburt), der unter seinen vielen Schlangen eine besonders liebte, die ihr Futter aus kaiserlicher Hand nahm, spannt sich ein weiter Bogen.
Das schlangenfeindliche Mittelalter Europas unterbrach ihn. Gewerbsmäßige Vipernfänger deckten den Bedarf der Apotheken. Später zogen Wandermenagerien über das Land und zeigten gelegentlich als besondere Attraktion eine Riesenschlange. Erst im vorigen Jahrhundert begannen sich einzelne Zoologische Gärten für Schlangen zu interessieren. Den meisten fehlte es an sach- und pflegekundigem Personal. So nahmen sich Liebhaber der Schlangen an.
Meines Wissens hielt als erster in Europa und wohl auch in der übrigen Welt Johann von Fischer, Baron und Direktor des „Laboratoire d'Erpetologie" zu Montpellier, Schlangen und „Miniatur-Saurier" in Terrarien „mit künstlich hergestellter Umgebung". Im Jahre 1884 veröffentlichte er sein Buch „Das Terrarium" und ließ weitere Schriften über Schlangen folgen. Bereits 1807 hatte sich der Geheime Forstrat J.M. Bechstein in seiner „Naturgeschichte der Stubenthiere" unter „Schleichende Amphibien" mit der Ringelnatter als Stubentier, aber auch mit der Zähmung der „gemeinen Otter" (der Kreuzotter) und der „Österreichischen Natter" (der Glattnatter) befaßt.

Seitdem wenden sich immer mehr Menschen unseres technisch-bürokratisch eingeengten Zeitalters Terrarien zu, fasziniert von dieser Wunderwelt aus Glas und Licht und ihren Bewohnern. Vielleicht weil ihr Sehnen und Trachten Befreiung in der Natur sucht, nachdem sie sich, wie auch die Schlange, aus dem Paradiese der Geborgenheit vergangener Zeiten vertrieben fühlen. Deshalb erfreuen sie sich eines Stückchens Natur, und sei es noch so klein, in ihren Wohnungen inmitten verödender, im Verkehr erstickender Städte. Und selbst die verfemten Schlangen sind salon- oder besser wohnzimmerfähig geworden. Niemand begegnet mehr wie früher einem mitleidigen Lächeln, eher einem verständnislosen, das aber nicht er zu vertreten hat.
Sehen wir von denen ab, die mit Schlangen imponieren oder mit Giftschlangen ihren Mut beweisen wollen, gibt es viele und vielschichtige Gründe, sich mit Schlangen zu umgeben: aus Liebe zum oder aus Freude am Tier, um es zu vermehren, zu beobachten, sein Verhalten zu studieren, also aus Wissensdrang oder um der Wissenschaft willen, oder ganz einfach als Hobby in der Freizeit oder um sich an der oft berückenden Schönheit der Schlangen und des Terrariums zu erfreuen, das jedem Zimmer zur Zierde gereichen kann.
Ungeachtet vieler Unglücksfälle wird mancher dem prickelnden Reiz der Gefahr nicht widerstehen können und Giftschlangen halten wollen. Er muß es sich behördlich genehmigen lassen. Dabei werden Zuverläs-

sigkeit und Sicherheitsvorkehrungen verlangt, zumeist ein besonderer Raum und abschließbare Terrarien, ein Vorrat an Serum und anderes mehr. Die Genehmigung nimmt ihm die Verantwortung im Umgang mit giftigen Schlangen nicht ab. Er muß sich ständig der steten Gefahrenquelle für sich und andere bewußt bleiben. Es sollte nur der zu Giftschlangen greifen, der bereits Erfahrungen mit harmlosen sammeln konnte, und der echt an ihnen und ihrem Verhalten, aus welchen Gründen auch immer, interessiert ist.
Die wenigsten Terrarianer können Schlangen in den Heimatländern fangen oder dort erwerben und mitbringen, sie sind auf den Tierhandel angewiesen, der von jeher zumindest für Reptilien problematisch war. Am günstigsten dürfte es sein, wenn der Händler selbst Liebhaber ist. Doch zuviel an Objektivität sollte man ihm auch dann nicht unterstellen, geht es ihm doch letztlich um Geld. Deshalb ist die Erfahrung eines anderen Schlangen-Liebhabers bei der Erwerbung von Nutzen.
Vor dem Kauf einer Schlange überlege man, welches Terrarium, wieviel Licht, welche Temperatur und welche Luftfeuchtigkeit sie haben will und welcher Aufwand an Pflege, Zeit und für Nahrung vonnöten ist und auch, ob sie zu den anderen Schlangen eines Terrariums paßt. Man muß also ebenfalls erfahren, aus wel-

---

Ausschnitt des Wintergartens des Verfassers mit Terrarien. ▷

chem Biotop die Schlange kommt. Wie ist ihr Allgemeinzustand? Die Haut soll auch an den Bauchseiten glatt sein und die Beschuppung ebenfalls. Sind Milben oder andere Parasiten zu sehen, offene Wunden, Knoten oder Knötchen? Man überprüfe die Aftergegend, ob sie frei von Verkrustungen ist, und sehe ins Maul, ob sich eine Mundfäule zeigt. Bei Schlangen in der Häutung wird es zumeist besser sein, mit dem Kauf abzuwarten.

Der Händler wird für äußerlich nicht erkennbare Krankheiten keine Garantie übernehmen. Man sollte sich stets schriftlich zusichern lassen, daß das Tier in Einklang mit den gesetzlichen und behördlichen Regelungen erworben wurde, also insbesondere den Natur- und Tierschutzgesetzen wie dem Washingtoner Artenschutzübereinkommen und dem dazu erlassenen Gesetz entspricht. In Gefangenschaft geborene Schlangen sind gegenüber Wildfängen zu bevorzugen, nicht nur aus Gründen der Natur- und Tierschutzes, sondern auch weil sie für ein Leben im Terrarium keiner Umstellung und Eingewöhnung bedürfen.

Eine Besichtigung und Kontrolle des Kauftieres entfällt, oft zum Nachteil des Käufers, beim Versandhandel, der immer mehr um sich greift. Auch sonst kann allerhand vorkommen. So entstieg bei einem Passauer Liebhaber anstatt der bestellten harmlosen Rattenschlange eine Kobra dem Transportsäckchen. Er wollte sie umtauschen, doch dazu kam er nicht mehr, sie biß

ihn vorher, und er starb im Hubschrauber auf dem Weg in ein Münchner Krankenhaus.
Schlangenliebhaber sind meistens Individualisten, besessen, es ihren Pfleglingen recht zu machen, ihnen zusagende, ja optimale Lebensbedingungen zu bieten. In der „Deutschen Gesellschaft für Herpetologie und Terrarienkunde“ (DGHT, Senckenberganlage 25, 6000 Frankfurt a. M. 1), in der DDR bei der ZFA Terraristik (Otto-Nuschke-Straße 1, DDR-1080 Berlin) und in den Niederlanden in „Lacerta“, Nederlandse Vereniging voor Herpetologie en Terrariumkunde (A. B. van Woorkom, Volkerakstraat 19, Utrecht) finden sie Gleichgesinnte und erhalten Anregungen ebenso wie in der Literatur, die einen Anfänger wegen oft auseinandergehender Meinungen und Ratschläge verwirren kann. Auch die Verfasser sind eben Individualisten, und schließlich führen viele Wege nach Rom.
Nach meinen Erfahrungen sind die Grundbedürfnisse der meisten Schlangen gleich. Mögen sie sich noch so gut an den sie pflegenden Menschen gewöhnt haben, als scheue Tiere lieben sie Verstecke, und sei es nur unter einem großen Rindenstück oder einem flachen Stein. Und als wechselwarme Tiere möchten sie sich nach Belieben ein kälteres oder wärmeres Fleckchen aussuchen können oder sich genüßlich unter den Strahlen der Terrarienlampe oder des Strahlers aufwärmen, wenn dies nicht die Sonne besorgt. Kletternde Schlangen wünschen einen Kletterbaum und wasserliebende

ein großes Wasserbecken oder einen Wasserteil. Auch andere baden gern, und selbst wasserscheue, wie manche Wüstenschlangen, wollen sich zur Häutungszeit ins Wasser legen. Schlangen aus gemäßigten Klimaten sind für einen Winterschlaf dankbar. So paradox es klingen mag: Die Erfahrung lehrt, daß Schlangen in einem kleineren Terrarium, wo sie meist zu Hauf an ihnen behagender Stelle zusammenliegen, oft besser gedeihen als in einem großen.

Statt wie in der Natur ganz auf sich gestellt zu sein, tritt als neuer Faktor der Mensch als Pfleger in Erscheinung. Auf ihn hat sich die Schlange nunmehr einzustellen und sich mit ihm abzufinden. Manche Schlangenarten tun das kaum, andere recht schnell, und das kann von Individuum zu Individuum schwanken. Dieses „Zahmwerden" beruht auf keinem komplizierten Denkvorgang – etwa: der Mensch gibt mir zu fressen, folglich schließe ich mich ihm an –, sondern wird vornehmlich von Trieben und Instinkten geleitet. Dazu kommt eine gewisse Lernfähigkeit. Diese wird um so geringer sein, je mehr eine Schlange in ihrer Erbkoordination festgelegt ist. Sie wird anfangs im Menschen mit wenigen Ausnahmen einen Feind sehen. Im „erblichen Reisegepäck" ist sie auf Flucht programmiert. Bei der Eingewöhnung von Frischfängen wird der Pfleger diese Verhaltensstruktur berücksichtigen und die Schlange anfangs möglichst wenig beunruhigen, bis sich ihr Fluchttrieb langsam abbaut.

Die Anpassungsfähigkeit einer Schlange an den neuen Biotop Terrarium und an den Pfleger ist von Art zu Art und oft von Schlange zu Schlange verschieden und in der Regel um so begrenzter, je einseitiger der natürliche Biotop (Wüste, tropischer Regenwald) ist. Ihn sollte man kennen, um es seinen Lieblingen recht zu machen. Das setzt voraus zu wissen, wo die Schlange lebte. Es ist schließlich ein Unterschied, ob man Schlangen aus sonndurchglühter Wüste mit extremer Hitze, blendender Helligkeit und womöglich kalten Nächten pflegt oder welche aus dem Dämmerlicht eines vor Nässe dampfenden Urwaldes, ob trockene Savannen oder Baumsteppen ihre Heimat sind. Gerade in den Tropen kommt auch der Höhenlage eine entscheidende Bedeutung zu.
In diesen unterschiedlichen Klimaten leben die Schlangen und haben sich den ökologischen Gegebenheiten angepaßt, die sie auch im Terrarium vorfinden möchten. Da sich die ökologischen Daten in den Klimazonen der Erdteile ähneln, spielt der Herkunftskontinent einer Schlange nur eine untergeordnete Rolle, sofern man nicht auf die geographische Übereinstimmung mit den Pfleglingen Wert legt. Vom Biotop her lassen sich z. B. nordamerikanische Wassernattern und Strumpfbandnattern mit europäischen Wassernattern zusammen pflegen.
Die Ausstattung des Terrariums mit Ästen, Steinen, Sand, Boden und Pflanzen aus der Heimat der Schlan-

gen ist mehr von der Ästhetik her zu sehen. Einer Wüstenschlange aus der Sahara ist es gleich, ob sie im Saharasand wühlt oder in einem anderen gleicher Beschaffenheit, wird er nur entsprechend aufgeheizt. Ein australischer oder neuseeländischer Baumpython fühlt sich auf einem Robinienast deutscher Herkunft ebenso wohl als auf dem einer Akazie.

Entsprechend den Klimazonen und ihren ökologischen Gegebenheiten haben sich verschiedene Grundtypen von Terrarien herausgebildet: unbeheizte, mäßig geheizte und geheizte von trocken, feucht bis zum Aquaterrarium, vom Tropen- bis zum Sterilterrarium. Sie werden bei der Auswahl der Schlangen für den Liebhaber zugrunde gelegt.

Schlangen siechen dahin und sterben, werden ihre Ansprüche an Nahrung und an die Umwelt – an Wärme, Licht, Sonne oder Schatten, Luftfeuchtigkeit und Belüftung, Boden und Bewuchs – nicht erfüllt. Die Aquarientechnik ist so vervollkommnet, daß sich beinahe alle speziellen Wünsche einer Schlange erfüllen lassen. Leuchtstofflampen vermitteln Lichtreize, Terrasol-, Scheinwerferlampen oder andere Strahler dienen als Ersatzsonne mit Wärme von oben und UV-Lampen geben ultraviolettes Licht. Damit sei man sparsam! Schlangen des dämmrigen Urwaldes und nachtaktive benötigen keines. Glas reflektiert und absorbiert die UV-Strahlung der Sonne.

Ein Terrarium in der Sonne heizt sich schnell auf und

Terrarien (hier des Verfassers) gereichen einem Wohnzimmer zur Zierde.

kann den Insassen zum „besonnten Sarg“ werden. Der Fähigkeit der Schlangen zur Wärmeregulierung sind Grenzen gesetzt, und oft liegen Vorzugs- und Todestemperatur nicht weit auseinander. Selbst Wüstenschlangen, mit Ausnahme der gehörnten Klapperschlange *Crotalus cerastes* kalifornischer Wüsten, überleben kaum Körpertemperaturen über 45 Grad.

Da sich in Bodennähe oft stickstoffhaltige Gase, schwerer als Luft, sammeln, ist eine Querbelüftung angezeigt. Mit einer Membranpumpe und einem Ausströmer im Wasserbecken, wie sie in der Aquaristik verwendet werden, oder bei größeren Terrarien mit einem Ventilator, läßt sich die Belüftung verbessern.

Überhaupt sind der technischen Perfektion in der Terraristik kaum Grenzen gesetzt. Thermostaten regulieren die Wärme, die Heizkabel, Heizplatten oder Warmluftanlagen erzeugen. Schaltuhren übernehmen das Ein- und Ausschalten elektrischer Geräte und der Beleuchtungskörper, Hygrostate setzen elektrische Luftbefeuchter in Gang, sobald die Luftfeuchtigkeit absinkt. Unterschiedliche Wärme, Licht und Luftfeuchtigkeit zu bestimmten Zeiten im vorgegebenen Rhythmus lassen sich über Schrittschaltwerke für Steuerschaltungen mit Vielfachfunktion, kombiniert mit Schaltuhren erreichen, wie sie in Gewächshäusern üblich sind.

Dennoch: Alle Technik, über die Bücher, (wie im Literaturverzeichnis angegeben) informieren, bleibt Hilfsmittel. Sie vermag die Liebe zum Tier nicht zu ersetzen und auch nicht das ständige Beobachten, das Erfühlen seiner Bedürfnisse, wann es ihm gut oder schlecht geht, also alles das, was letztlich den Terrarianer ausmacht.

Das Terrarium ist ein begrenzter Lebensraum für Reptilien und Amphibien. Es soll deren naturgemäße Haltung ermöglichen. Von Nachzuchten abgesehen, wird in ihm das Wildtier Schlange zum „Haustier“. War das Verhalten einer Schlange in der Natur vorwiegend situationsbedingt und ein Reagieren auf zumeist physiologische Reize, wird sich daran im Terrarium nicht allzuviel ändern lassen. Die Schlange muß sich dem neuen „Biotop Terrarium“ anpassen.

Schlangen für das Terrarium

Komme gerade von Tini! Meine jungen Kobras, knapp zwei Fingerspannen lang, krochen umher, züngelten, bäumten sich vor mir, dem Störenfried, auf, schlugen nach mir und machten erstmalig in ihrem Leben mit Glas Bekanntschaft. Nur mit Lederhandschuhen konnte ich sie herausfangen und in ein eigenes Terrarium setzen, so aggressiv und allemal angriffslustig waren sie, ihre voll funktionsfähigen Giftzähne auszuprobieren – mochten die Schlänglein noch so putzig aussehen.

Nun begannen die Sorgen eines Schlangenliebhabers. Was werden die Kleinen fressen? Meine nahmen Fröschchen und bald auch ganz junge Mäuschen. Ihre Reihen lichteten sich nach und nach. Nicht durch Tod! Freunde holten welche ab. Einer wurde sogar, wie ich später erfuhr, gebissen. Doch das Serum wirkte schnell und gut.

Nicht immer geht ein Biß so ohne Komplikationen aus. Der Inhaber des Reptilienzoos in Königswinter, Bender, zog als erster in Deutschland Kobras aus dem Ei groß und ging mit ihnen um wie andere mit Hund und Katze. Eines Tages übersah er eine seiner Lieblinge versteckt hinter der Terrarientür. Das Tier biß ihn in den Finger. Das vorhandene Serum war zu alt, die neue

Ampulle zerbrach, und der Rest reichte nicht aus, ihn zu retten. Das Kobragift lähmte seine Zunge, er fiel in Bewußtlosigkeit, aus der er nicht mehr erwachte.
Diese bedauerliche Begebenheit sei zur Warnung erzählt, wie es selbst lebenslang erfahrenen Terrarianern ergehen kann, und meiner Auswahl von Schlangen für das Terrarium vorangestellt, in die Giftschlangen einbezogen sind.
Im ungeheizten, trockenen Terrarium für europäische, asiatische und nordamerikanische Schlangen gelingt es leicht, einen Naturausschnitt einer gemäßigten Zone nachzubilden: ein Stück Heideland mit Heidekräutern, kleinen Wacholdern und einem Findling; eine trockene Böschung mit einer knorrigen Wurzel vor einem gedachten Waldrand oder auch ein Stück verfallene Trokkenmauer eines Weinberges, die Trockenfarne, Sedum und herabhängende Pflanzen beleben. Leuchtstofflampen geben Licht auch zur abendlichen Mußestunde und eine Terrasollampe oder ein Strahler Wärme, wenn die Sonne das Terrarium nicht erreicht. Nicht immer werden auf die Pflanzen gesprühte Wassertropfen zum Trinken für die Schlangen ausreichen; nach meiner Erfahrung ist ein kleines Wassergefäß mit stets frischem Wasser und zu Zeiten der Häutung ein größeres angebracht. Tiere des nördlichen mediterranen Raumes würde ein leicht geheiztes Stück Bodengrund besonders behagen und ein Übergang zum mäßig geheizten Terrarium sein.

Die lebendgebärende bis zu 80 cm lange Glatt- oder Schlingnatter *Coronella austriaca* aus dem mittleren Europa bis zum westlichen Asien ähnelt mit ihren dunklen oft verschmolzenen Flecken auf dem Rücken einer Kreuzotter. Leider lassen sich nicht alle von ihrer Eidechsennahrung auf junge Mäuse umstellen. Trächtig gefangene Weibchen setzen Junge ab. Von einer echten Nachzucht ist mir nichts bekannt. Die nahe verwandte Girondische Glattnatter *Cornella girondica*, die weniger bissig ist, wird besser in einem mäßig geheizten, trockenen Terrarium untergebracht. Ihre Heimat reicht von Südtirol, Italien, Südfrankreich über die Iberische Halbinsel bis nach Nordafrika.
Die bis zu 2 m lange, eierlegende Äskulapnatter *Elaphe longissima*, es gibt 3 Unterarten, Liebling und Gottheit der Römer, ist von Nordostspanien über Mittel- und Südeuropa bis nach Kleinasien verbreitet. Bei mir badete sie gern und wurde bald handzahm. Sie fraß Mäuse, Küken und kleine Eier, die Jungen nahmen Eidechsen. Die Nachzucht ist vielfach gelungen. Eine Überwinterung bei herabgesetzten Temperaturen scheint ihre Lebensdauer zu verlängern. Einen Kletterbaum halte ich für notwendig.
Die schöne, bis 170 cm lange, eierlegende Amurnatter *Elaphe schrencki* – 2 Unterarten – lebt im östlichen asiatischen Rußland, in Nordostchina, der östlichen Mandschurei und in Korea. Auch sie klettert gern auf Bäume, um sich zu sonnen und ist daher im Terrarium

für einen Kletterast unter einem Strahler dankbar. Sie ernährt sich von kleinen Nagern und Küken. Bei einer Überwinterung mit herabgesetzten Temperaturen kann die Nachzucht gelingen.
Aus Nordamerika kommt die bis zu 60 cm lange, eierlegende Scharlachnatter *Cemophora coccinea* – 3 Unterarten – nur recht selten zu uns. Die bis 90 cm lange, eierlegende Westliche Hakennatter *Heterodon nasicus* und die ebenfalls nordamerikanische in etwa ebenso lange, eierlegende Östliche Hakennatter *Heterodon platyrhinos* wühlen stark. Nur die Westliche läßt sich von Fröschen und Kröten auf kleine Mäuse umstellen. Sie führt, wird sie angegriffen, laut zischend Scheinangriffe. Nützt das nichts, dreht sie sich auf den Rücken, wird schlaff und stellt sich mit herabhängender Zunge tot. Für beide ist eine Winterruhe vorteilhaft. In Europa ist bisher keine Nachzucht gelungen.
Die giftige, bis 80 cm lange, lebendgebärende Kreuzotter *Vipera berus* – 4 Unterarten – des gemäßigten Europas und Mittelasiens bis zur Insel Sachalin gilt als etwas unberechenbar und vielfach zu Recht als heikel. Die Nachzucht ist gelungen. Die Kleinen fressen kleine Frösche und nestjunge Mäuse, die Alten Mäuse. Eine Winterruhe bei niedrigen Temperaturen ist angezeigt.
Die giftige bis zu 50 cm lange, lebendgebärende Wiesenotter *Vispera ursinii* – 6 Unterarten – Mitteleuropas und Mittelasiens, die leider selten geworden ist, wird im Gegensatz zur Kreuzotter bald zahm, frißt gut,

scheint jedoch nicht so haltbar zu sein. Nachzuchten fressen kleine Grillen und Heuschrecken.
Die giftige, gedrungen gebaute, bis 80 cm lange, lebendgebärende Aspisviper *Vipera aspi* – 7 Unterarten – kommt bei uns (hoffentlich!) noch im südlichen Schwarzwald vor. Unterarten gehen bis Mittelitalien. Ihre Nahrung besteht aus kleinen Nagern. Bei einer Überwinterung unter 10 Grad gelingt die Zucht ziemlich leicht, und ebenso leicht lassen sich die Jungen mit nackten Mäusen aufziehen.
Asien bereichert uns um die giftige, bis zu 75 cm lange, lebendgebärende Halysotter *Agkistrodon halys* – 6 Unterarten –, die langlebig, jedoch vielfach reizbar und bissig ist. Sie frißt Mäuse. Junge von trächtig gefangenen Schlangen lassen sich mit nackten Mäusen und kleinen Eidechsen aufziehen. Ihr Gift soll für Menschen nicht besonders stark und nicht tödlich wirken.
Das trockene, mäßig geheizte Terrarium eignet sich für viele Schlangenarten aus Mittelmeerländern und den subtropischen Klimaten Amerikas und Afrikas am besten. Die Erwärmung eines Teiles des Bodengrundes, Temperaturunterschiede zwischen Tag und Nacht und noch mehr Helligkeit und Wärme durch Lampen und Strahler kennzeichnen es. Für die Länder rund ums Mittelmeer ist die Macchia mit ihren hartlaubigen Sträuchern Leitmotiv. Auch im Terrarium sind zwischen Sand, Steinen, trockenen Ästen etwa der Lorbeerblättrige Schneeball *Viburnum tinus*, Ginster,

Kirschlorbeer *Prunus laurocerasus* und Lorbeer *Laurus nobilis*, Erikaarten und Oleander *Nerium oleander* neben kleinen Wacholdern brauchbar und passend. Zwergpalmen *Chamaerops humilis* verstärkten den Eindruck südlicher Sonne. Eine südafrikanische Landschaft charakterisieren Aloes und andere Sukkulenten (Crassula-Arten, *Rochea falcata* u. a.). Auch Sansevierien (Bogenhanf) passen in dieses Bild. Eine andere Möglichkeit der Bepflanzung dieses Terrarientyps besteht aus kleinen Apfelsinen- und anderen Zitrusbäumchen, die an Italien, Spanien, Israel und Kalifornien erinnern. Zwischen einer zerfallenen Trockenmauer oder einem alten Gemäuer, wie man es in Italien, aber auch in Jugoslawien oft sieht, kontrastiert das helle Blau der Blüten des Rosmarins *Rosmarinus officinalis* zum leuchtenden Gelb des Ginsters mit den zarten Farben der Zistrosen (Cistus). Diese Pflanzen vertragen wie die Schlangen dieser Regionen heiße, trockene Sommer, kühle Winter nicht über 10 Grad und sparsame Wassergaben sommers, noch sparsamere winters und reichliche im Frühjahr.
Die eierlegenden Zornnattern *Coluber* – 19 Arten – sind schlank und schnell. Sie ernähren sich von Kleinsäugern, manche auch von Küken, Eidechsen, anderen Schlangen und Fröschen. Noch schöner und begehrter als die Gelbgrüne Zornnatter *Coluber viridiflavus* – 2 Unterarten – ist ihre eineinhalb Meter lange Unterart, die Schwarze Zornnatter oder Carbonarschlange

Coluber viridiflavus carbonarius. Als besonders prachtvoll bietet sich die bis zu zwei Meter lange, bissige Hufeisennatter *Coluber hippocrepis* Spaniens und Nordafrikas an. Schnell wie ein Blitz schießt die bis zu 3 Meter lange Pfeilnatter *Coluber jugularis* – 4 Unterarten – dahin und benötigt daher wie ihre Unterart, die Balkannatter *Coluber jugularis caspius*, ein geräumiges Terrarium. Nicht minder schnell ist die elegante, bis 150 cm lange Schlanknatter *Coluber najadum* – 3 Unterarten – Dalmatiens, eine Eidechsenfresserin, die als heikel gilt. Als noch schwieriger hat sich bei mir die nordamerikanische Schwarznatter *Coluber constrictor* – 12 Unterarten – erwiesen. Selbst in Terrarien Nordamerikas gewöhnen sich nur wenige an die Gefangenschaft und werden zahm. Im Gegensatz zu den europäischen Zornnattern ist ihre Nachzucht schon gelungen. Besonders schön und meistens auch leicht zu halten sind die eierlegenden Königsnattern (Gattung *Lampropeltis* – 13 Arten –, die von Nordamerika bis Mexiko verbreitet sind. Die bis zu 170 cm langen Kettennattern *Lampropeltis getulus* – 11 Unterarten – ernähren sich selbst von Klapperschlangen und müssen daher für sich allein gehalten werden. Meine wurden handzahm und fraßen Mäuse. Die Nachzucht gelang ziemlich leicht. Aus den 5 Eiern (im Sand-Torfmull-Gemisch bei 25 Grad) schlüpften nach 64 Tagen die Jungen, die sich mit kleinen Mäusen und Eidechsen leicht ernähren ließen.

Farblich noch schöner zeigen sich die bis zu 130 cm langen Dreiecks-Königsnattern *Lampropeltis triangulum* – 23 Unterarten –, die „Milk Snakes“ der Amerikaner, und die bis 1 Meter lange Korallenkönigsnatter *Lampropeltis zonata* – 7 Unterarten –, die wie die giftigen Korallenottern *Micrurus* mit Dreiergruppen roter, schwarzer, weißer Farbbinden auf Rücken und Bauchseiten besticht. Auch die Nachzucht dieser Nattern ist gelungen, sofern eine kühle Überwinterung voranging.
Die ebenfalls im südlichen Nordamerika bis in den Norden Mittelamerikas verbreitete und deshalb etwas wärmer zu haltende, eierlegende, bis zu eineinhalb Meter lange Kiefernnatter oder Schwarzweiße Bullennatter *Pituophis melanoleucus* – 10 Unterarten – und ihre Unterart, die Westliche oder Kettenbullennatter *Pituophis melanoleucus catenifer* – früher als eigene Art geführt – sowie die Peitschennatter *Masticophis flagellum* – 7 Unterarten – lassen sich problemlos im Terrarium halten und sind schon von vielen Terrarianern erfolgreich gezüchtet worden.
Wer nur ein kleines Terrarium zur Verfügung hat, kann auf die eierlegende, kaum einen halben Meter lange Kopfbindenzwergnatter *Eirenis modestus* – 2 Unterarten – zurückgreifen. Sie frißt Heuschrecken, Grillen und kleine Echsen. Über eine Nachzucht ist nichts bekannt. Sie lebt in Gebirgsgegenden Südosteuropas und Westasiens.

Von Terrarianern besonders begehrt sind die eierlegenden Kletternattern (Gattung *Elaphe*) – 36 Arten –, die zumeist mit Kleinsäugern und Küken leicht zu ernähren sind. Als südeuropäische bieten sich an: die über 2 Meter lange Vierstreifennatter *Elaphe quatuorlineata* – 5 Unterarten –, die bei mir schnell handzahm war, die prächtige aber etwas heikle, bis 1 Meter lange Leopardennatter *Elaphe situala* und die scheue und anfangs ungestüme Treppennatter *Elaphe scalaris*. Im Gegensatz zu den beiden anderen ist über ihre Nachzucht noch nichts bekannt.

Noch leichter zu halten und zu züchten, noch zahmer – bei mir nahmen sie bald Mäuse aus der Hand – werden nordamerikanische, eierlegende Kletternattern: Die mit roten Flecken oder Binden schöne bis 180 cm lange Kornnatter *Elaphe guttata* – 3 Unterarten –, die bis 250 cm lange Erdnatter *Elaphe obsoleta* – 8 Unterarten –, von der die Schwarze Erdnatter, die „Pilotennatter" *Elaphe obsoleta obsoleta* und die gelbe Kükennatter *Elaphe obsoleta quadrivittata* besonders empfehlenswert sind, und schließlich die ca. 170 cm lange Fuchsnatter *Elaphe vulpina* – 2 Unterarten.

Rußland – der europäische Südosten – Korea und China schicken die ebenso leicht zu haltende bis 1 Meter lange Dione-Natter *Elaphe dione* zu uns. In Erregung zittert ihr Schwanz mit einem eigenartigsurrenden Geräusch. Auch sie ist schon oft gezüchtet worden.

Von den Trugnattern (Unterfamilie Boiginae) ist die eierlegende, bis 2 Meter lange Eidechsennatter *Malpolon monspessulanus* – 2 Unterarten –, die in Südeuropa, Westasien und Nordafrika lebt und Kleinsäuger, Küken, Eidechsen und Schlangen frist, häufiger im Terrarium anzutreffen. Die eierlegende 1 Meter lange Europäische Katzennatter *Telescopus fallax* – 8 Unterarten – und die eierlegende, etwas über 50 cm lange Kapuzennatter *Macroprotodon cucullatus* Spaniens und Nordafrikas ernähren sich von Eidechsen und sind weniger begehrt.
Von den Giftschlangen erfreut sich die lebendgebärende, unter einem Meter Länge bleibende Europäische Sand- oder Hornotter *Vipera ammodystes* – 6 Unterarten – zu Recht großer Beliebtheit. Sie ist mit Mäusen und Küken leicht zu ernähren und auch ohne weiteres zu vermehren und wirkt bald wenig scheu. In Österreich ist sie ebenso wie die Wiesenotter geschützt. Die lebendgebärende, bereits gezüchtete über eineinhalb Meter lange Levanteotter *Vipera lebetina* ist weniger berechenbar und manchmal bissig.
Das trockene, geheizte Terrarium wird vielfach ein Steppen-, Halbwüsten- oder Wüstenterrarium sein und ist dementsprechend zu gestalten. Gräser, Opuntien und andere Kakteen, Euphorbien und andere Sukkulenten, Steine, Sand und tote Äste auf Geröll prägen je nach Herkunft der Schlangen das Bild. Ein Wassergefäß sollte auch hier nicht fehlen. Lampen und Strahler

Eine seltene Sandrennatter *Psammnophis subtaeniatus*.

Eine handzahme Vierstreifennatter *Elaphe quattuorlineata*.

vermitteln flirrende Helle, vor denen das Terrarium den Schlangen Verstecke bieten muß.
Hier fühlen sich Riesenschlangen der Trockengebiete wohl: z. B. der etwa 2 Meter lange, eierlegende australische Schwarzkopfpython *Aspidites melanocephalus*, bisher nur in einem australischen Zoo nachgezüchtet, der eierlegende bis eineinhalb Meter erreichende Gefleckte Python (Liasis schildreni), ebenfalls ein Australier, und die Lebendgebärenden Sandboas (Gattung *Eryx*) – 10 Arten –, voran die kaum einen Meter Länge erreichende Kegelkopf-Sandboa *Eryx conicus* Beludschistans und die indische Sandboa *Eryx johnii*, die ebenso lang wird. Alle fressen sie Mäuse, Ratten und Hamster, manche auch Küken. Bei mir graben sich die Sandboas lieber in Torfmull als in Sand ein.
Die als ein vorzüglich haltbarer Pflegling angepriesene mittel- und südafrikanische Maulwurfsnatter *Pseudapsis cana* – 2 Unterarten –, die etwa eineinhalb Meter lang und lebendgebärend ist, wurde wohl rasch zahm, hat sich jedoch bei mir nicht jahrelang gehalten. Die sonnenhungrige, eierlegende bis 2 Meter lange Diademnatter *Spalerosophis diadema* – 4 Unterarten –, die von Nordafrika bis nach Pakistan und Indien beheimatet ist, lebt bei guter Pflege und Fütterung jahrelang. Das läßt sich auch von der afrikanischen eierlegenden bis eineinhalb Meter langen Braunen Hausschlange *Boaedon fuliginosus* – 2 Unterarten – sagen. Sie wurde bei mir so zahm, daß sie Mäuse aus der Hand nahm.

Angriffslustig verhält sich hingegen die Afrikanische Eierschlange *Dasypeltis scabra*, die unter einem Meter Länge bleibt und sich von Eiern ernährt. Von einer Nachzucht dieser eierlegenden Schlange wurde bisher nichts bekannt. Die Indische Eierschlange *Elachistodon westermanni* ist nach dem Washingtoner Artenschutzübereinkommen geschützt.

Von den Trugnattern ist die bis eineinhalb Meter lange, eierlegende Sandrennatter *Psammophis sibilans* – 4 Unterarten – zu nennen. Sie stammt aus Afrika. Ihr hochwirksames auch für den Menschen nicht ungefährliches Gift tötet kleine Nager, Eidechsen und Frösche. Zu ihren Gunsten läßt sich sagen, daß sie Menschen kaum beißt, nicht einmal, wenn man sie fängt.

Von den Giftschlangen ist die eierlegende, 60 cm lange, von Nordafrika bis Arabien verbreitete Hornviper *Cerastes cerastes* – 4 Unterarten – besonders ausdauernd, mit Mäusen und Küken leicht zu ernähren und mit einigem Glück zu züchten. Etwas mehr an Können und Pflege verlangt die afrikanisch-asiatische, bis 80 cm lange Sandrassel-Otter *Echis carinatus* 4 Unterarten –. Sie ist lebendgebärend, nach L. TRUTNAU sollen die aus Nordafrika Eier legen. Von den Kobras bevorzugt die afrikanische Uräusschlange *Naja haje* –3 Unterarten – bis 2 Meter lang, eierlegend und ziemlich leicht vermehrbar, einen trocken-heißen Biotop.

Eine ähnliche Pflege wünschen die giftigen, lebendgebärenden Klapperschlangen Nord- und Mittelamerikas:

die bis 80 cm lange Seitenwinder-Klapperschlange *Crotalus cerestes* – 3 Unterarten –, die sich nicht immer von ihrer natürlichen Nahrung Eidechsen auf Mäuse umstellen läßt und bei der man nach einer Überwinterung unter herabgesetzten Temperaturen auf Nachwuchs hoffen darf, und die unverwüstliche Texasklapperschlange, auch Westliche Diamantklapperschlange *Crotalus atrox* genannt, die bis über 2 Meter lang wird. Ist sie im Winter für ein Vierteljahr kühler (nicht über 15 Grad) gehalten worden, gelingt die Nachzucht.

Das feuchte, ungeheizte Terrarium nimmt Schlangen derselben gemäßigten Klimate wie das trockene, ungeheizte auf. Dementsprechend gleicht sich die technische Einrichtung. Ein großes Wasserbecken sorgt für höhere Luftfeuchtigkeit, zumindest ein Teil des Bodengrundes, am besten der unter dem Strahler oder der Terrasollampe, muß völlig trocken sein. Für ein nachgebildetes Bach- oder Teichufer, eine Moorsenke oder ein Heidemoorloch stehen viele Pflanzen zur Auswahl: Moospolster, Waldschachtelhalme, Immergrün, Münzkraut *Lysimachia,* Kalmus u. a. Moorkienwurzeln runden das Bild ab.

Beginnen wir mit unserer heimischen, geschützten, eierlegenden, bis eineinhalb Meter langen Ringelnatter *Natrix natrix* – 10 Unterarten –, dem Gegenstand vieler Sagen und Märchen. Sie ist mit Fröschen, Fischen und Fischfleisch, das sie bei mir von der Pinzette nimmt, leicht zu ernähren und nach einer kalten Überwinterung zu vermehren. Die mehr an das Wasser gebundene und etwas mehr Wärme liebende, eierlegende, bis eineinhalb Meter lange Würfelnatter *Natrix tesselata* – 2 Unterarten – ist von Mittel- und Südeuropa bis nach Nordwestindien und Westchina, in Deutschland nur noch im Westen verbreitet und geschützt. Sie ist ähnlich zu pflegen und fühlt sich nach meiner Erfahrung in einem Aqua-Terrarium eher noch wohler. Die nordamerikanischen Wasserschlangen *Natrix* und die Strumpfbandnattern *Thamnophis* bevorzugen eine mäßige Heizung. Davon macht die lebendgebärende, beinahe 2 Meter erreichende Grüne Wasserschlange *Natrix cyclopion* – 2 Unterarten – eine Ausnahme. Sie wird handzahm und läßt sich nach einer vierteljährigen kalten Überwinterung nachzüchten.

Das feuchte, mäßig geheizte Terrarium ist für Schlangen aus denselben subtropischen Klimaten wie das trockene, mäßig geheizte Terrarium bestimmt. Es gleicht in der technischen Einrichtung diesem und dem ungeheizten feuchten Terrarium. Ein Teil des Bodengrundes (Torfmull, Walderde und dergleichen) wird also schwach geheizt und die Strahlung der Terrasollampen oder Strahler etwas verstärkt, wodurch sich insgesamt die Lufttemperatur tags etwas erhöht. Sofern es nicht ausgesprochene Tropen- oder Urwaldpflanzen sind, vergrößert sich die Pflanzenauswahl um die Feuchtigkeit liebende Zimmerpflanzen, die es im Winter eher kühl haben wollen. Auch hier werden Schlan-

gen und Betrachter Moorkienwurzeln, Baumstubben und Unterschlupfe aus Korkeiche begrüßen.
In einem solchen Terrarium fühlen sich, wenn sie nicht in einem Aqua-Terrarium untergebracht werden, die nordamerikanischen, lebendgebärenden Wassernattern *Natrix* wohl. Sie fressen vorwiegend Fische und Fischfleisch, manche auch Frösche. Die Nachzucht ist gelungen bei der bis eineinhalb Meter langen Gebänderten Wassernatter *Natrix fasciata* – 6 Unterarten –, der ebenso langen Diamant-Wassernatter *Natrix rhombifera* – 3 Unterarten – und der nur reichlich einen Meter langen Siegelring-Natter *Natrix sipedon* – 4 Unterarten –, meines Wissens nicht jedoch bei der knapp einen Meter Länge erreichenden Königinnennatter *Natrix septemvittata.*
Besonders elegant, zahm und mit Fischen, Fischfleisch und Regenwürmern leicht zu ernähren sind die nordamerikanischen, lebendgebärenden Strumpfbandnattern (Gattung *Thamnophis*) – 23 Arten –. Sie kommen in einer Vielzahl von Arten, Unterarten und Formen vor, so daß es oft nur dem Spezialisten gelingt, sie genau auseinanderzuhalten. Die durch das Washingtoner Artenschutzübereinkommen geschützte *Thamnophis elegans hammondi* wird der Liebhaber sowieso nicht in die Hand bekommen. Oft eingeführt werden die etwa meterlangen Berg-Strumpfbandnattern *Thamnophis elegans* – 4 Unterarten –, die reichlich meterlange sehr verbreitete gewöhnliche Strumpfbandnatter

Thamnophis sirtalis – 13 Unterarten – und die besonders wasserliebende und deshalb besser für das Aqua-Terrarium geeignete, kaum meterlange Bändernatter *Thamnophis sauritus*. Eine Nachzucht ist möglich, sofern den Schlangen eine Winterruhe gewährt wird.

Kehren wir nach Europa zurück zu der besonders empfehlenswerten, eierlegenden, kaum einen Meter langen Vipernnatter *Natrix maura*, die ihren Namen den dunklen Flecken auf dem Rücken verdankt, die oft zum Zickzackband verschmelzen, und die sich gleich einer Viper zusammenringelt, zischt und zustößt, ohne allerdings zu beißen. Meine sind denkbar zahm und machen viel Freude. Sie haben sich im Aqua-Terrarium vermehrt.

Ihrem weißen Maul verdankt eine Nordamerikanerin ihren Namen „Cottonmouth" (Baumwollmaul). Es ist die über einen Meter lange, lebendgebärende, giftige Wassermokassinotter *Agkistrodon piscivorus*, die leicht zu halten, nachzuzüchten und gefräßig ist und sich von Fischen, Küken, Fröschen und noch manch anderem ernährt. Nach L. TRUTNAU wird sie sehr zahm, kriecht dem Pfleger entgegen und nimmt ihr Futter von der Pinzette. Bißunfälle mit wilden Tieren sind ziemlich häufig, da sie vor dem Menschen im Vertrauen auf ihr Gift kaum weichen, gehen jedoch nur ausnahmsweise tödlich aus.

Das geheizte, feuchte Terrarium wird für Schlangen aus den feuchten Gebieten der äquatorialen bis tropischen

Zonen oft als Ausschnitt eines tropischen Urwaldes nachgebildet. Um den Eindruck üppiger, urwüchsiger Fülle an Grün zu erreichen, stehen genügend Warmhauspflanzen aus allen Erdteilen zur Verfügung. Auch an einen Epiphytenbaum ist bei der Gestaltung zu denken. Die Übersichtlichkeit sollte dennoch in dem im hellem Licht wuchernden Grün erhalten bleiben. Die Lufttemperatur sollte zwischen 25 bis 32 Grad liegen und nachts nicht mehr als 4 Grad absinken. Schwieriger ist es, eine hohe Luftfeuchtigkeit trotz ausreichender Belüftung sicherzustellen. Das läßt sich mit einem elektrischen an einen Hygrostaten angeschlossenen Luftbefeuchter oder einer Tropfenversprühanlage erreichen, wenn das Terrarium dafür groß genug ist. Sonst erwärme man das Wasserbecken auf etwa 28 Grad und lasse im Wasser mittels Membranpumpe und Ausströmer Luft perlen, die Wasserpartikelchen mitnimmt und gleichzeitig durchlüftet. Ein Tropenterrarium stellt somit die höchsten Anforderungen an den Schlangenliebhaber und gilt vielen als die Krönung aller Terraristik.

Und als Krönung gilt es, auch die wundervollen baumbewohnenden Riesenschlangen zu pflegen und bei sehr viel Glück sogar zu vermehren; den eierlegenden und sein Gelege „bebrütenden“, über eineinhalb Meter langen Grünen Baumpython *Chondropython viridis* Neuguineas und Nordaustraliens, den südamerikanischen, lebendgebärenden bis 3 Meter langen Grünen Hund-

Die Gebänderte Wassernatter *Natrix fasciata*.

Der Königspython *Python regius*.

kopfschlinger *Corallus caninus,* der als Problemtier zu Mundfäule neigt und oft die Nahrung verweigert und deshalb zwangsgefüttert werden muß, und die ebenfalls lebendgebärende etwas weniger schwierig zu haltende bis zweieinhalb Meter lange Hundskopfboa *Corallus enydris* – 2 Unterarten.

Ohne große Probleme lassen sich die lebendgebärende, bis zu zwei Meter erreichende Regenbogenboa *Epicrates cenchria* – 10 Unterarten –, die von Costa Rica bis Argentinien vorkommt, und die bis zu 3 Meter lange Haitiboa oder Silbergraue Schlankboa *Epicrates striatus* – 5 Unterarten – pflegen. Die Nachzucht von beiden Arten ist häufig gelungen. Während die Ausgewachsenen Mäuse, kleine Ratten und Küken fressen, mußte ich die Jungen der Haitiboa beinahe ein Jahr lang mit nestjungen Mäusen stopfen. Kleine Eidechsen oder Hüpferlinge nahmen sie ebenfalls nicht an.

Es gibt besonders schöne eierlegende Kletternattern. Doch abraten möchte ich von den südchinesischen, die ich aus Hongkong mitbrachte, die sich aber nicht hielten: die Moellendorffsche *Elaphe moellendorffii,* die Mandarinennatter *Elaphe mandarina,* und die Stinknatter *Elaphe carinata* – 2 Unterarten. Hingegen hielt sich die anfangs ungestüme, bis zu 2 Meter lange Strahlennatter *Elaphe radiata,* die sich jedoch nicht nachzüchten ließ. Die wunderschön grüne, südostasiatische, über 2 Meter lange Spitzkopfnatter *Elaphe oxycephala* – 2 Unterarten – lebt schon viele Jahre bei mir. Sie frißt außer Mäusen gern Küken. Heikel ist sie wohl nur dann, wenn man mit der Schlinge gefangene und am Nacken verletzte oder sonst kranke Tiere erhält. Sie läßt sich nachzüchten.

Als hart und robust hat sich die nunmehr nach dem Washingtoner Artenschutzübereinkommen geschützte Brasilianische Glattnatter *Cyclagras gigas,* eierlegend und bis 3 Meter lang, erwiesen. Sie, wie schon geschehen, nachzuzüchten, wäre verdienstvoll. Schwierigkeiten hatte ich mit dem mittel- und südamerikanischen über 3 Meter langen, eierlegenden Hühnerfresser *Spilotes pullatus,* der hoch oben im Geäst liegend durch schwarze Körperbinden auf gelbem Körper besticht. Auch die eierlegende, reichlich 1 Meter erreichende Argentinische Buntnatter *Leimadophis poecilogyrus poecilogyrus* macht ihrem Namen alle Ehre. Sie frißt Fische und Frösche, die afrikanische, eierlegende, knapp 1 Meter lange Grüne Sumpfschlange *Philothamnus irregularis* hingegen nur Frösche. Sie hat sich wie die vorhergehende in Gefangenschaft schon mehrfach gepaart.

Mit Gift im Speichel, das bei einem Biß schmerzhafte, aber kaum gefährliche Wunden hinterläßt, leitet die wunderschöne eierlegende, eineinhalb Meter lange Brasilianische Schlanknatter *Leptophis ahaetulla* – 12 Unterarten –, deren Gift schnell Echsen und Frösche tötet, zu den Trugnattern über wie der blauschwarzen mit gelben Querbinden prangenden, eierle-

genden bis über 2 Meter langen Mangroven-Nachtbaumnatter *Boiga dendrophila* – 2 Unterarten –. Sie frißt Mäuse, Küken, Fische, Echsen sowie andere Schlangen und ist deshalb allein zu halten. Bei der schönen grünen, kleineren *Boiga cynea* habe ich das noch nicht beobachtet. Auch soll ihr Gift anders als das der Mangroven-Nachtbaumnatter noch keinem Menschen zum Verhängnis geworden sein.
Südostasien schickt auch die so beliebten, lebendgebärenden bis zu eineinhalb Meter schlanken Baumschnüffler *Ahaetulla nasuta* zu uns, die etwas bissig sind und nur Eidechsen annehmen, während die farbenprächtigen eierlegenden Schmuckbaumnattern *Chrysopelea ornata* und *C. paradisii,* über einen Meter lang, außer Echsen auch Mäuse und manche selbst Insekten fressen.
Manche werden der Versuchung nicht widerstehen und giftige eierlegende Grüne Mambas *Dendroaspis angusticeps* und *D. viridis* halten. Beide werden an die 2 Meter lang und bald recht zahm. Sie ernähren sich von Küken, Mäusen, kleinen Ratten und auch Echsen.
Die gefürchtete Schwarze Mamba *Dendroaspis polylepis* – 2 Unterarten –, bis 4 Meter lang werdend und ebenfalls Afrikanerin, hat ein doppelt so starkes, fast immer tödlich wirkendes Gift. Sie warnt mit einem hohlklingenden Zischen und beißt sofort zu, wenn sie sich in die Enge getrieben fühlt. Bei L. TRUTNAU verlor sie bald Scheu und Angriffsgeist.

Eine Haitiboa *Epicrates striatus* flieht.

Die farbenprächtige Spitzkopfnatter *Elaphe oxycephala*.

Von den eierlegenden Kobras (Gattung *Naja*) – 5 Arten – wollen es die meisten nicht zu feucht haben, vielleicht mit Ausnahme der rund 2 Meter langen Schwarzweißen Kobra *Naja melanoleuca* – 2 Unterarten –, die an die tropischen und subtropischen Regenwälder Afrikas gebunden ist. Die größte über 5 Meter lange Giftschlange der Erde, die südostasiatische, schlangenfressende Königskobra *Ophiophagus hannah,* käme ebenfalls in Betracht, dürfte aber für ein bepflanztes Terrarium zu groß sein. Auch andere große vorweg genannte ungiftige und giftige Schlangen werden ab einer gewissen Größe besser in einem Sterilterrarium unterzubringen sein.
Die asiatischen lebendgebärenden Lanzenottern, Gattung *Trimeresurus* – 33 Arten – bleiben in der Regel unter einem Meter Länge, und ihr Gift ist meistens nicht besonders stark. Dies gilt insbesondere für die häufig gepflegte Weißlippen-Lanzenotter *Trimeresurus albolabris,* die sich in Gefangenschaft paart, und die ebenso farbenprächtige, noch nicht gezüchtete, Wagler-Lanzenotter Trimeresurus wagleri, die ein etwas heikler Pflegling sein kann, wenn sie geschwächt oder krank in die Hand des Pflegers kommt. Langlebig ist hingegen die Mangrovenviper *Trimeresurus purpureomaculatus,* die allerdings bissiger ist. Die Grüne Bambusotter *Trimeresurus gramineus* ähnelt der Weißlippen-Lanzenotter. Alle genannten fressen Mäuse, kleine Ratten und manchmal auch Küken.

In einem Aqua-Terrarium sind alle Schlangen gut untergebracht, die weitgehend an das Wasser gebunden sind. Aber auch solche für die feuchten Terrarien genannte, die das Wasser lieben, werden sich hier wohlfühlen. Neben dem großen und tieferen Wasserteil ist ein wenigstens teilweise trockener Landteil unter einer Terrasollampe oder einem Strahler für manche Schlangen unerläßlich. Die Luft- und die Wassertemperatur richtet sich nach den Insassen, ebenso die Bepflanzung des Landteiles. In einem geheizten Aqua-Terrarium nimmt sich ein Epiphytenbaum gut aus. Die Luftwurzeln von Philodendron und Monstera suchen lianengleich das Wasser. Ein schwimmender Zierkork oder eine andere Insel bereichern das Bild üppiger Feuchte. Ein Wasserabfluß mit Wasserhahn erleichtert den öfter erforderlichen Wasserwechsel. Die übrigen technischen Einrichtungen gleichen denen der feuchten Terrarien.
Für kleinere Schlangen kann als Behälter ein Aquarium mit Gazedeckel, eingebautem kleinem Landteil und einer guten Durchlüftung mittels Ausströmern an einer oder mehreren Membranpumpen genügen. Hier und bei größeren Aqua-Terrarien mit Glasscheibe vorn läßt sich das Treiben der Schlangen im und unter Wasser besonders gut beobachten, wie sie Fische jagen oder auf einem Ast über oder in einer Höhle unter Wasser lauernd auf ihre Beute zustoßen, wie sie sich lieben und wie junge Schlänglein anfangs Mühe haben, selbst kleine Fische zu überwältigen.

Die bis 9 Meter lange, lebendgebärende Anakonda *Eunectes murinus* – 2 Unterarten – Südamerikas wird die Raummöglichkeiten eines Liebhabers meistens überschreiten, allenfalls kann sich die auch noch etwas über 3 Meter lange Gelbe Anakonda *Eunectes notaeus* eignen. Sie läßt sich mit Mäusen, Ratten, Kaninchen, Küken und Tauben und manche auch mit Fischen leicht ernähren und auch leicht züchten.
Die bis zweieinhalb Meter lange, lebendgebärende Javanische Warzenschlange *Acrochordus javanicus* ist nicht nur für den Herpetologen und Systematiker ein interessantes Tier. Sie geht nie an Land und kann deshalb auch in einem Aquarium bei mindestens 80 cm tiefem Wasserstand gepflegt und mit Fischen ernährt werden. In Gefangenschaft vermehrt sie sich nicht. Das tut hingegen die eierlegende, südostasiatische, reichlich einen Meter lange Fischernatter *Natrix piscator* – 4 Unterrassen.
Viel eingeführt werden die lebendgebärenden, aber noch nicht gezüchteten Wassertrugnattern (Unterfamilie Homalopsinae) Südostasiens, die meist unter einem Meter Länge bleiben: die interessante Fühlerschlange *Erpeton tentaculatum,* von deren Fühler noch nicht bekannt ist, wozu sie dienen; die bald handzahme und so gut wie nie beißende Boa-Trugnatter *Homalopsis buccata* – 2 Unterarten – und die ebenfalls zahm werdende Hundskopf-Wassertrugnatter *Cerberus rhynchops* – 2 Unterarten. Von trächtig eingeführten Weib-

chen sind Junge großgezogen worden. Die über einen Meter lange Bocourt Wassertrugnatter *Enhydris bocourti* und die Bleifarbenen Wassertrugnattern *Enhydidris plumbea* lähmen und töten mit ihrem Gift Fische. Von den Giftschlangen ist außer der bereits genannten Wassermokassinotter die afrikanische, eierlegende Wasserkobra *Boulengerina annulata* – 2 Unterarten – zu erwähnen, bei der allerdings größte Vorsicht angezeigt ist, da weder über ihr Gift und die Giftwirkung noch über ein Serum etwas bekannt ist.

Das Sterilterrarium eignet sich für große Schlangen, auch für die schon bei einem anderen Terrarientyp Genannten, die durch ihr massiges Gewicht oder Lebendigkeit eine kunstvolle Einrichtung um so eher zerstören, je feingliedriger sie ist. Es muß mit einem zwischen Steinen eingebauten Wasserbecken, Kletterästen und robusten Pflanzen in Töpfen (z. B. Gummibaum, Palmen, Sansevierien, Schusterpalme – Aspidistra) durchaus nicht eintönig wirken. Als Bodengrund werden vielfach grobe, runde Kieselsteine empfohlen. Ich habe mit Torfmull gute Erfahrungen gemacht, der Urin aufsaugt und auch sonst neutralisiert. Sogar Baumschlangen wie die Spitzkopfnatter *Elaphe oxycephala,* die Haitiboa *Epicrates striatus* und der westafrikanische, eierlegende, höchstens eineinhalb Meter erreichende Königspython Python regius leben bei mir seit vielen Jahren bei bester Gesundheit in einem solchen Terrarium.

Auch andere Riesenschlangen sind im Sterilterrarium gut untergebracht. Zu denken ist an den 5 Meter langen Amethystpython *Liasis amethistinus* Neuguineas, Australiens und einiger Inseln, den australischen bis 4 Meter langen Rautenpython *Morelia argus* – 2 Unterarten –, den südostasiatischen 5 bis 8 Meter langen Tigerpython *Python molurus* – 2 Unterarten – und den ebenfalls dort beheimateten und ebenso langen Netzpython *Python reticulatus* und nicht zuletzt an die über 3 Meter Länge erreichende Abgottschlange *Boa constrictor* – 8 Unterarten – Mittel- und Südamerikas, die lebendgebärend ist und sich ziemlich leicht nachzüchten läßt.

Schon wegen seiner Übersichtlichkeit eignet sich das Sterilterrarium gut für größere Giftschlangen: Kraits (Gattung *Bungarus*) – 12 Arten –, Puffottern (Gattung *Bitis*) – 13 Arten –, Amerikanische Lanzenottern (Gattung *Bothrops*) – 59 Arten – und Klapperschlangen (Gattung *Crotalus*) – 29 Arten.

Giftschlangen dürfen nicht als „Imponiertiere" mißbraucht werden. Geht es um „Rasse", sagen wir einmal „Rassigkeit" oder um Schönheit, so gibt es derer unter den harmlosen Schlangen genügend, wie die vorstehende Übersicht gezeigt hat. Warum sollen es giftige Korallenschlangen *Micrurus* sein, wo doch die ungiftigen *Lampropeltis* genau so berückend schön sind! Warum sich nicht an behäbigen, geschützten Pythons und Boas erfreuen und sie vermehren, oder an den seit der

Römerzeit anhänglichen Äskulapnattern, ganz zu schweigen von liebenswürdigen Wassernattern *Natrix* und zutraulichen Königs- und Kletternattern *Lampropeltis* und *Elaphe,* von denen manche das Futter aus der Hand des Menschen nehmen wie auch die Strumpfbandnattern *Thamnophis.* Wie wäre es mit der wilden „Dhama“ der Inder, der über 3 Meter langen, eierlegenden Rattenschlange *Ptyas mucosus* – 2 Unterarten –, die in Erregung nicht nur zischt, sondern verhalten knurrt wie ein Hund, ihren Hals abplattet und ihn aufbläst, nicht in die Breite wie eine Kobra, sondern senkrecht, und die ungeniert zubeißt – nur ohne die bösen Folgen eines Kobrabisses? Sie ist nicht die einzige „rassige“ Schönheit unter den harmlosen Schlangen. So wird jeder unter all den faszinierenden Schlangen einige finden, die ihn besonders interessieren, die ihm ans Herz wachsen und die ihm bald keine „unbekannten Wesen“ mehr sind.

Literatur

Angel, F.: Fauna de France. Reptiles et Amphibiens. Paris 1946.

Baumann, H.: Schöpfung und Urzeit des Menschen im Mythos der afrikanischen Völker. Berlin 1936.

Barth, A.: The religions of India. London 1921.

Bechtel, H.: Lurche und Schlangen. Terrarientiere. Hannover 1975.

Bechtl, W.: Bunte Welt im Terrarium. Stuttgart 1971.

Behringwerke: Die Giftschlangen der Erde. Marburg 1963.

Bellairs, A.: The Life of Reptiles. Deutsch von H. Wermuth. Lausanne 1971.

Berndt, T.: Kleine Terrarienkunde. Wiesbaden 1966.

Bourret, T.: Les serpents de l'Indochine. Toulouse 1936.

Brehm, A.: Tierleben, Bd. 7 „Die Kriechtiere und Lurche". 3. Aufl. Leipzig, Wien 1892.

Bruno, S. und Maugeri: Rettili d'Italia. Florenz 1976.

Bücherl, W.: Das Haus der Gifte. Stuttgart 1963.

Carr, A.: The Reptiles. Deutsch von K. Klemmer, Reinbek 1976.

Derolex, R.: Götter und Mythen der Germanen. Wiesbaden 1976.

Ditmars, R. L.: Snakes of the World. New York 1937.

Easterbrook, M. S.: A Book of East African Snakes. Mombasa 1965.

Egli, H.: Das Schlangensymbol. Freiburg i. Br. 1982.

Eichhorn, W.: Die alte chinesische Religion und das Staatskultwesen. Leyden, Köln 1976.

Eliade, M.: Australian religion. London 1972.

Eliot, A. u. a.: Mythen der Welt. Luzern, Frankfurt a. M. 1976.

Engelmann, W. E. und F. J. Obst: Mit gespaltener Zunge. Freiburg, Basel, Wien 1981.

FitzSimons, V. F. M.: Snakes. Deutsch von R. Imscheidt. Stuttgart 1934.

Forrest, E. R.: The snake dance. Los Angeles 1961.

Frank, W.: Schlangen im Terrarium. Stuttgart 1978.

Frommhold, E.: Die Kreuzotter. Wittenberg 1964.

– : Heimische Lurche und Kriechtiere. Wittenberg 1954.

Gerlach, R.: Salamandrische Welt. Hamburg 1960.

Geus, A.: Schlangen, ihre Haltung und Pflege. Minden 1961.

Gow, G. F.: Snakes of Australia. Sydney 1976.

Griehl, K.: Schlangen. Riesenschlangen und Nattern im Terrarium. München 1983.

Grzimek, B.: Grzimeks Tierleben. Bd. 6 Kriechtiere. Zürich 1971.

Habermehl, G.: Gift-Tiere und ihre Waffen. Berlin, Heidelberg, New York 1976.

Hediger, H.: Die Schlangen Mitteleuropas. Basel 1936.

Hentze, Carl: Das Haus als Weltort der Seele. Stuttgart 1961.

Ions, V.: Ägyptische Mythologie. Wiesbaden 1968.

Jacobs, Kurt: Im Jahre 1797 begann die Aquarien- und Terrarienkunde. München 1964.

Jahn, J.: Kleine Terrarienkunde. Minden 1975.

Jocher, W.: Futter für Vivarientiere. Stuttgart 1954.

Kaiser, E. und H. Michl: Die Biochemie der tierischen Gifte. Wien 1958.

Kees, H.: Der Götterglaube im alten Ägypten. Leipzig 1941.

Keimer, L.: Histoires de serpents dans l'Egypte ancienne et moderne. Kairo 1947.

Kerényi, K.: Der göttliche Arzt. Basel 1948.

Kinghorn, J. R.: Snakes of Australia. Sydney 1964.

Klemmer, K.: Liste der rezenten Giftschlangen. Marburg 1963.

Klingelhöffer, W.: Terrarienkunde. 2. Aufl. von C. Scherpner. Stuttgart 1955.

Klobusittzky, D. de: Giftschlangen und Schlangengifte. München 1960.

Knortz, K.: Reptilien und Amphibien in Sage, Sitte und Literatur. Annaberg 1911.

Krickeberg, W. u. a.: Die Religionen des alten Amerika. Stuttgart 1961.

Küster, E.: Die Schlange in der griechischen Kunst und Religion. Gießen 1913.

Lilge, D. und H. van Meeuwen: Grundlagen der Terrarienhaltung. Hannover 1979.

Loverige, A.: Reptiles of the Pacific World. New York 1954.

Lurker, M.: Adler und Schlange. Tübingen 1983.

Matz, G. und M. Vanderhaege: BLV Terrarienführer. München, Wien, Zürich 1980.

Mell, R.: Grundzüge einer Ökologie der chinesischen Reptilien. Berlin, Leipzig 1929.

Mertens, R.: Kriechtiere und Lurche. Stuttgart 1972.

– und H. Wermuth: Die Amphibien und Reptilien Europas. Frankfurt a. M. 1960.

Nietzke, G.: Die Terrarientiere. Bd. 1 und 2. 2. Aufl. Stuttgart 1977.

Pawlowsky, E. N.: Gifttiere und ihre Giftigkeit. Jena 1927.

Perkins, L.: Amphibien und Reptilien. Wiesbaden 1974.

Peters, G.: Urania Tierreich. Bd. 4. Jena, Berlin 1969.

Pope, C. H.: The Giant Snakes. New York 1961.

– : The Reptiles of China. New York 1935.

Ranke-Graves, R. von: Griechische Mythologie. Hamburg 1960.

Reichenbach-Klinke, H. H.: Krankheiten der Reptilien. Stuttgart 1978.

Renker, G.: Verkanntes Schlangenvolk. Hameln, Hannover 1966.

Renz, B.: Der orientalische Schlangendrache. Augsburg 1930.

Ritter, H.: Die Schlange in der Religion der Melanesier. Acta tropica, Suppl. 3. Basel 1945.

Sachs, W. B.: Giftzahn und Schleuderzunge. Stuttgart 1948.

– und R. Oeser: Terrarienpflege leicht gemacht. Stuttgart 1961.

Sälzle, K.: Tier und Mensch, Gottheit und Dämon. München 1965.

Schärer, H.: Die Gottesidee der Ngadju-Dajak in Süd-Borneo. Leyden 1945.

Schmidt, K. P. und R. F. Inger: Living Reptiles of the World. Deutsch von H. Wehrmuth. München, Zürich 1975.

Schneider, F.: Die Pflanzen des Terrariums. Minden 1956.

Sielmann, H.: Ins Reich der Drachen und Zaubervögel. München, Gütersloh, Wien 1972.

Stettler, P. H.: Handbuch der Terrarienkunde. 2. Aufl. Stuttgart 1981.

Stemmler-Morath, C.: Schlangen. Basel 1968.

Thompson, G.: Frühgeschichte Griechenlands und der Ägäis. Berlin 1960.

Trutnau, L.: Europäische Amphibien und Reptilien. Stuttgart 1975.

– : Schlangen. Bd. 1 und Bd. 2. Stuttgart 1979 u. 1981.

Vogel, J. Ph.: Indian serpent lore. London 1926.

Vogel, Z.: Riesenschlangen aus aller Welt. Wittenberg 1975.

– Wunderwelt Terrarium. Leipzig 1963.

Vogt, D. und H. Wermuth: Knaurs Aquarien- und Terrarienbuch. München, Zürich 1961.

Weltzel, H.: Von Ottern und Nattern. Braunschweig 1934.

Wermuth, H.: Taschenbuch der heimischen Amphibien und Reptilien. Leipzig 1957.

Wilpert, C.: Kosmogonische Mythen der australischen Eingeborenen. München 1970.

Wittmann, B.: Europas Giftschlangen. Wien, München 1954.

Worrel, E.: Reptile of Australia. Sydney 1964.

Wright, A. H. und A. A. Wright: Handbook of Snakes of the United States and Canada. New York 1937.

Wykes, A.: Snake Man. Deutsch von G. Holsten. Stuttgart 1962.

Zimniok, K.: Verzauberte Welt der Reptilien. Abenteuer, Erlebnisse, Erkenntnisse. Wien, München 1979.

Zeitschriften:

Amphibia-Reptilia. Zeitschrift der Societas Europaea Herpetologica. Akademische Verlagsgesellschaft Wiesbaden.

Aquarienmagazin. Franckh'sche Verlagshandlung, Stuttgart.

Aquarien und Terrarien. Urania. Leipzig, Jena.

Das Aquarium. Albrecht Philler Verlag. Minden.

Die Aquarien- und Terrarienzeitschrift. Alfred Kernen Verlag Stuttgart.

herpetofauna. herpetofauna-Verlag, Ludwigsburg-Ossweil.

Salamandra. Deutsche Gesellschaft für Herpetologie und Terrarienkunde. Frankfurt a. M.